불평등 경제

L'ÉCONOMIE DES INÉGALITÉS
by THOMAS PIKETTY

Copyright ⓒ Editions La DÉCOUVERTE, Paris, France, 1997, 2014
Korean Translation Copyright ⓒ Maroniebooks, 2014
All rights reserved.

This Korean edition published by agreement with Editions La DÉCOUVERTE, arranged through Icarias Agency, Seoul.

이 책의 한국어판 저작권은 Icarias Agency를 통해
저작권자와 독점계약한 마로니에북스에 있습니다.
저작권법에 의하여 한국 내에서 보호를 받는 저작물이므로
무단 전재와 복제를 금합니다.

L'ÉCONOMIE DES INÉGALITÉS

불평등 경제

토마 피케티 지음 | 유영 옮김 | 노형규 감수

마로니에북스

차례

서문   6

01 불평등과 그 변화의 척도   13

소득의 여러 유형   15

임금불평등   20

소득불평등   26

시간과 공간의 불평등   33

불평등의 역사적 변화   36

02 자본과 노동 간 불평등   51

총소득에서 자본이 차지하는 비중   55

자본 분배의 역학   104

03 근로소득의 불평등   123

임금불평등과 인적자본의 불평등   126

임금불평등의 사회적 결정   164

04 재분배의 도구들   185

기초적 재분배   187

효율적 재분배   211

주   226

참고문헌   234

서문

불평등과 재분배의 문제는 정치적 갈등의 중심에 자리하고 있다. 요컨대 다음 두 입장 간의 전통적 대립이 이 갈등의 핵심이라 할 수 있다.

먼저, 우파의 자유주의적 입장은 시장원리와 개인주도성 그리고 생산성 증가만이 장기적인 관점에서 소득과 생활환경을, 무엇보다 극빈자들의 생활환경을 실질적으로 개선할 수 있다는 것이다. 따라서 공적개입을 통한 재분배는 그 규모가 온건해야 하며, 예컨대 밀턴 프리드먼(Milton Friedman[1962])*이 제안했던 조세(prélèvement)와 이전지출(transfert)의 통합체계(부의 소득세*, impôt négatif)처럼 이 선순환적 메커니즘을 최대한 방해하지 않는 도구들만 사용되어야 한다는 것이다.

다음으로, 좌파의 전통적 입장은 19세기 사회주의 이론가들과 노동조합 운동에서 계승된 것으로 오직 사회정치적 투쟁만이 자본주의 체제가 낳은 극빈자들의 불행을 덜어줄 수 있다는 것이다. 우파의 입장과는 달리, 이들은 단지 세금을 물려 재정이전(transferts fiscaux)에 출자하는 것에만 그치지 말고 시장원리가 자본소유자들이 가로챈 이익을 결정하는 방식과 노동자 간 불평등을 재검토하기 위해, 생산수단을 국유화하거나 강제적인 급여표를 고정시키는 등 재분배를 위한 공적개입이 생산과정의 중심부까지 침투해 들어가야 한다고 주장한다.

이 좌우 갈등은 공적개입의 구체적 형태와 적절한 시기에 관한 대립의 원인이 사회정의를 바라보는 상반된 시각에 있는 게 아니라, 오히려 불평등을 초래하는 사회경제적 메커니즘에 대한 상반된 분석에 있음을 보여준다. 사실 사회정의의 몇 가지 기본원칙에 대해서는 어느 정도 합의가 이루어져 있다. 가족이나 행운에 의한 초기부존재산(dotations initiales)의 불평등처럼, 이 불평등이 부분적으로라도 개인이 통제할 수 없는 요인에서 기인한 것이라면, 이 재산의 수혜자는 불평등의 책임자로 간주될 수 없다.

따라서 국가가 최대한 효율적인 방식으로 가장 혜택받지 못한 이들, 즉 가장 불리한 통제 불능의 요소에 직면해 있는 이들의 처지를 개선하고자 애쓰는 것은 당연한 일이다.

오늘날 사회정의 이론들은 이런 사고를 '맥시민 원리(principe du maximin)'라는 개념으로 표현하고 있다. 세르쥬-크리스토프 콤(Serge-Christophe Kolm[1971])과 존 롤스(John Rawls[1972])에 의해 정식으로 소개된 이 원리에 따르면, 정의로운 사회는 사회체계를 통해 제공되는 최저생계의 기회와 조건들을 극대화시켜야 한다는 것이다. 그러나 이런 사고는 훨씬 이전부터 이미 명시적으로 존재해왔다. 가령, 모든 이들에게 가능한 폭넓은 평등권이 보장되어야 한다는 것은 이론적 차원에서 매우 널리 수용되어 있는 전통적인 관념이다. 진정한 갈등은 사회정의의 추상적 원리보다 극빈자들의 생활환경을 실제로 향상시킬 수 있는 가장 효율적인 방법과 모두가 동의할 수 있는 조세범위에서 보다 극명히 드러난다.

따라서 불평등을 초래하는 사회경제적 메커니즘에 대한 치밀한 분석만이 재분배를 바라보는 이 두 극단적 시각에 나름의 타당성을 부여할 수 있고, 어쩌면 가장 정의롭고 가장 효율적인 재분배를 실행하는 데 기여할 수도 있을 것이다. 이 책의 목적은 이런 방향에서 지식이 진보하고 있는 오늘날의 현 상태를 제시하는 것이다.

이 좌우 갈등은 특히 재분배의 여러 유형들, 곧 재분배를 위한 여러 도구들 간 대립의 중요성을 보여준다. 시장과 가격체계는 자유롭게 돌아가도록 내버려두고 세금과 재정이전을 통해 재분배하는 것으로 만족해야 하는가, 아니면 불평등을 초래하는 시장원리 방식을 구조적으로 수정하려고 애써야 하는가? 경제학자들의 용어를 빌면, 이 대립은 기초적 재분배(redistribution pure)와 효율적 재분배(redistribution efficac)의 구분에 해당한다. 전자는 시장의 균형이 파레토(Pareto) 원리의 의미에서 효율적인 상황에 적합하다. 다시 말해서 생산과 자원 배분을 모든 이들의 이익에 부합되도록 재편할 수는 없지만, 기초적 사회정의의 관점에서 볼 때 가장 큰 수혜자들로부터 가장 적은 수혜자들에게로 재분배가 요구되는 상황에 적합한 것이다. 후자는 시장의 불완전함이 생산과정에의 직접적 개입을 내포하고 있는 상황, 즉 시장의 불완전함으로 인해 자원배분의 파레토식 효율성과 분배의 공평성을 동시에 향상시켜줄 수 있는 직접적 개입이 요구되는 상황에 적합하다.

오늘날 정치적 갈등 속에서, 기초적 재분배와 효율적 재분배 간의 대립은 온건한 규모의 재분배와 보다 야심찬 재분배 간의 대립으로 혼동되는 경우가 많다. 그럼에도 불구하고, 이러한 관례적인 좌우 갈등은 시간이 갈수록 - 예컨데 일부 좌파 인사들이 '기초소득제'*의 도입을 적극 지지한 후로 - 더욱 복잡해지고 있다. 모든 이들이 동의한 이 기초소득은 세금을 통해 조달되며 시장원리에는 직접적으로 개입하지 않는다. 또 프리드먼이 제안했던 부의 소득세와는 그 규모에서만 차이가 날뿐이다. 따라서 재분배 도구의 문제가 반드시 재분배 규모의 문제와 혼동되는 건 아니라고 볼 수 있다. 이 두 문제는 대체로 서로 다른 고찰과 해답을 수반하기 때문에 이 책에서는 이 둘을 각각 별도로 살펴볼 것이다.

이 탐구를 이어가기 위해서는 먼저 오늘날 불평등을 특징짓고 있는 몇몇 지표들과 역사적 변화과정을 살펴보는 것이 유익하다. 이것은 불평등과 재분배에 관한 이론들이 고려해야 할 주요 사실들을 확인시켜 줄 것이다(1장). 2장과 3장에서는 불평등을 초래하는 메커니즘에 대한 분석을 시도할 것이다. 이를 위해 각기 다른 이론을 내세우는 지적 갈등의 정치적 쟁점과 이것의 시비를 판가름할 수 있도록 기존에 관찰되었거나 관찰 가능한 사실들이 동시에 조명될 것이다. 2장에서는 19세기 이후 사회문제 분석에 깊은 영향을 주었던 근본적인 불평등, 곧 자본·노동 간 불평등을 살펴볼 것이며, 3장에서는 과거에도 그랬지만 오늘날 불평등의 중심이 되어버린 근로소득 자체의 불평등을 다룰 것이다. 이상에서 분석된 정보들을 가지고 4장에서는 가장 핵심적인 재분배의 조건과 도구에 관한 문제를 보다 심도 있게 다룰 것이다. 여기서는 특히 프랑스의 불평등과 재분배를 집중적으로 다루게 될 것인데 안타깝게도－1990년대 프랑스 내 공공토론(Public debate)에서 파업이나 사회적 균열 등 사회문제를 중요시했던 것과는 대조적으로－이용 가능한 정보와 연구들이 상대적으로 빈약한 탓에, 소개된 이론들을 설명하거나 동조 혹은 반박하기 위해 불가피하게 미국을 포함한 다른 국가들을 대상으로 한 연구들을 이용했다.

개정판 서문

 이 책은 1997년 초판이 발행된 이후 몇 차례 재판을 거듭했으며 특히 2014년 새 판본의 저본(원본)이기도 하다. 그러나 책의 전체 구조는 1997년 이후 수정되지 않았음을 밝혀둔다. 요컨대 이 책은 오늘날 우리의 지식상태와 이용 가능한 참고자료를 반영하고 있음을 강조하고 싶다. 그러나 불평등의 역사적 동력에 관한 지난 15년간의 국제적 연구들은 불완전하게 반영되어 있을 뿐이다. 이 연구들에 대한 상세한 소개와 여기서 끌어낼 수 있는 교훈에 관심이 있는 독자는 〈World Top Income Database〉(인터넷으로 이용 가능)와 필자의 저서 『21세기 자본론(Seuil, 2013)』을 참고하기 바란다.

01
불평등과 그 변화의 척도

오늘날 불평등의 대략적인 크기는 얼마나 될까? 한 나라에서 가난한 자들과 부자들을 가르는 불평등을 1~2, 1~10 혹은 1~100으로 표시되는 소득격차를 가지고 평가할 수 있을까? 이 격차들은 주어진 시간과 공간 속에서 관측된 불평등과 어떻게 비교되어질까? 또 이 격차들은 1950년이나 1900년 혹은 1800년에도 똑같았을까? 과연 실업으로 인한 불평등이 1990년대 서방 세계의 주된 불평등이었을까?

소득의 여러 유형

각 가계의 실제 수령 소득의 종류에는 어떤 것들이 있을까? 다음 페이지의 〈표1〉은 2000년도 프랑스에 거주하는 약 2,400만 가계의 소득을 임금, 자영업소득(농민, 상인, 자유직종 등), 퇴직연금, 이전소득(가족수당, 실업수당, RMI* 등), 세습재산소득(배당금, 이자, 임대료 등)으로 나누어 분석한 것이다.

〈표1〉이 우리에게 시사하는 바는 무엇인가? 먼저, 가계 총소득의 58.8%는 임금 형태로 주어진다. 여기에 자영업소득 5.8%를 더하면 이른바 근로소득은 64.6%로 총소득의 2/3에 해당한다. 그 다음, 사회적 소득*이 총소득의 30% 이상을 차지하는데 그중 2/3 이상은 퇴직연금이다. 마지막으로, 세습재산소득은 총소득의 약 5%밖에 되지 않는다. 그러나 자본소득은 소득 관련 조사에서 가계 부분이 명백히 잘못 옮겨져 있다. 국민계정*은 기업들과 은행체계가 제공하는 배당금과 납부된 이자에 관한 자료를 근거로 작성되기 때문에, 가계 총소득에서 자본소득 비중을 10%가량 높이게 된다(INSEE*, 1996b, p.26~29). 어쨌든 모든 자료들이 보여주는 일치된 결론은 각 가계의 근로소

표1 프랑스의 가계소득별 소득의 종류(2000년) (단위:%)

	임금	자영업	퇴직연금	이전	세습재산
평균	58.8	5.8	21.3	9.5	4.6
D1	17.9	1.7	43.2	34.2	3.1
D2	30.0	2.3	44.6	20.7	2.4
D3	38.3	2.9	40.8	20.7	2.4
D4	44.3	2.7	35.7	14.3	3.1
D5	50.6	2.6	28.9	14.6	3.4
D6	58.4	3.6	22.0	12.4	3.6
D7	63.3	3.4	19.8	10.4	3.2
D8	66.5	3.3	18.7	7.6	3.9
D9	68.6	4.6	16.6	5.6	4.6
P90–P95	70.2	7.0	13.4	4.1	5.3
P95–P100	63.6	16.4	8.4	2.9	8.8

도해 D1은 전체 가계 중 가장 가난한 10% 가계를, D2는 그 다음 10%를 나타내는 식으로 이어진다. P95~P100는 가장 부유한 최상위 5% 가계를, P90~P95는 그 아래 5% 가계를 나타낸다. 임금은 전체 가계가 수령한 총소득에서 평균 58.8%를 차지한다. 임금 항목에서, 최하위 10%(D1)의 임금은 평균적으로 소득의 17.9%를 차지하고, 다음 10%는 30.0%, 그리고 가장 부유한 최상위 5%(P95~P100)는 63.6%를 차지한다.

출처 '2000년도 가정예산' 조사 보고서, 국립통계경제연구소(INSEE)

주석 자영업 소득에는 농업소득, 사업소득, 영업외소득이 포함된다. 이전(transfets)에는 가족수당, 실업수당, RMI 등이 포함된다. 가계 자본소득, 즉 세습재산소득에는 주식배당금, 이자, 임대료가 포함된다. 모든 소득은 사회적분담금과 CSG/RDS이 면제된 금액이다.

득이 자본소득보다 최소한 6~7배 더 많다는 사실이다. 이것은 모든 서방국가들의 소득분배가 보여주는 일반적 특징이다[Atkinson *et al.*, 1995, p.101]. 그럼에도 불구하고 5%나 10%라는 수치는 자본소득이 경제를 비롯한 사회 전반에 미치는 중요성을 과소평가한 것이다. 왜냐하면 기업의 자본수익 중 상당 부분이 이 기업을 소유하고 있는 가계들에게 분배되지 않고 있기 때문이다(2장).

각종 소득의 크기는 당연히 가난하거나 부유한 정도에 따라 다르다. 여러 유형의 소득을 구분하는 데는 십분위수 개념이 유용하게 쓰인다. 〈표1〉에서 'D1'로 표기된 첫 번째 십분위는 전체 가계 중 가장 소득이 낮은 최하위 10%를, 'D2'로 표기된 두 번째 십분위는 그 다음 10%를 나타내고, 이런 식으로 마지막 열 번째 십분위 'D10', 곧 가장 부유한 최상위 10%에 이른다.

보다 구체적인 설명을 위해서는 백분위수 개념도 이용된다. 첫 번째 백분위는 전체 가계 중 최하위 소득 1%를 나타내고 이런 식으로 계속 나아가 100번째 백분위까지 이어지는 것이다. 이 개념들에 의해 전체 인구가 하위 집단으로 분류되고 나면 – 2000년도 프랑스의 경우, 십분위수로는 240만 가계이고 백분위수로는 24만 가계이다 – 각

집단의 평균소득을 계산할 수가 있다. 그러나 이것을 두 소득집단을 구분하는 소득제한(P로 표기) 개념과 혼동해선 안 된다. 예컨대 'P10'은 소득상한을 나타내는 것으로 이보다 적은 소득을 가진 가계가 10% 존재한다는 뜻이다. 따라서 'P90'은 이보다 적은 소득을 가진 가계가 90% 존재하는 것이다. 〈표1〉에서 'P90~P95'는 백분위 90번째 상한과 95번째 상한 사이에 있는 가계 전체, 말하자면 'D10'의 전반부에 해당하는 반면, 'P95~P100'은 'D10'의 후반부, 가장 부유한 5%에 해당한다.

〈표1〉은 'D1'에 해당하는 가계들이 결국 하급 연금수령자들과 실업자들이라는 것을 보여준다. 이들이 받는 임금은 평균적으로 이들 소득의 18% 이하인 반면, 사회적 소득은 거의 80%에 달한다. 총소득에서 임금이 차지하는 비중은 소득이 커짐에 따라 점차 증가한다. 소득이 커질수록 연금수령자들과 실업자들이 적어지기 때문이다. 그러나 이 비중은 최상위 5%(P95~P100)에서 약간 내려가는데 이들의 소득은 상당 부분이 세습재산소득, 특히 비급여 근로소득으로 이루어져 있다. 이러한 비급여 근로소득은 근로소득과 자산소득의 중간적 성질을 띤다. 농민, 의사, 상인들의 노동은 이들이 투자한 자본과 함께 보상을 받기 때문이

다. 그럼에도 불구하고 임금소득은 최상위 가계의 총소득에서 상당히 큰 부분을 차지하고 있다. 어떤 평가를 취하든 최상위 5%는 세습재산보다 임금에서 얻는 소득이 훨씬 더 많기 때문이다. 총소득에서 임금 비중이 적어지려면 소득 위계가 이보다 훨씬 더 높아져야 할 것이다[Piketty, 2001].

:: 임금불평등

아주 오래전부터 가계들의 가장 중요한 소득 원천인 임금은 어떻게 분배되는가? 〈표2〉는 2000년 프랑스의 민간부문 정규직 임금노동자 약 1,270만 명을 대상으로 한 임금불평등 조사 결과이다.

전체 노동자 중 하위 연봉 10%는 모두 SMIC*에 가까운 임금을 받고 있다. 즉, 프랑스의 2000년도 'D1'의 실제 평균임금은 890유로이다. 'P50'으로 표기된 전체의 중간 임금은 1,400유로이다. 말하자면 1,400유로 이하의 임금을 받는 노동자들이 50%라는 뜻이다. 이것은 'D5'에 속한 노동자들의 평균임금 1,310유로보다 높은데 그 이유는 'D5'에는 'P40'과 'P50' 사이의 노동자들이 속해 있기 때문이다. 특히 이 액수는 2000년도 평균임금 1,700유로보다도 적다. 임금 분포에서는 항상 상위 절반의 간격이 하위 절반보다 더 크게 벌어지기 때문에 고액 연봉이 평균임금을 중간임금 이상으로 끌어올린 것이다. 더욱이 모두가 매달 최소한 2,720유로를 받는 상위 연봉 10%의 평균임금은 4,030유로이다. 그 아래 'D9'에 속한 10%의 평균임금(2,340유로)보다 거의 두 배나 많은 액수이다.

표2 프랑스의 임금불평등(2000년)　　　　　　　　(단위:유로)

	월급		
평균	900		
D1	890	P10	900
D2	1,000		
D3	1,110		
D4	1,210		
D5	1,310	P50	1,400
D6	1,450		
D7	1,620		
D8	1,860		
D9	2,340	P90	2,720
D10	4,030		

출처 사회복지 연간신고자료(DADS), INSEE(2002, p.10)

도해 D1은 최하위 연봉 10%를, D2는 그 다음 10%를 나타내며, 이런 식으로 D10 까지 이어진다. P10은 D1과 D2를 가르는 임금 한계이고, P50은 D5와 D6 을 가르는 임금 한계이고, P90은 D9와 D10을 가르는 임금 한계이다. 최하 위 연봉 10%에 속한 이들은 모두 매달 900유로 이하(평균 890유로)를 버 는 반면, 최상위 연봉 10%에 속한 이들은 모두 2,720유로 이상(평균 4,030 유로)을 번다.

주석 민간부문 상근직 노동자들의 월급은 상여금을 제외하고 사회적분담금과 CSG/RDS가 면제된 액수이다.

전체 임금불평등에 관한 실제 지표는 'P90'과 'P10' 사이, 말하자면 'D10'의 하한과 'D1'의 상한 사이의 비율이다. 2000년도 프랑스의 경우, 임금불평등 지표인 'P90/P10' 격차가 2,720/900(3.0)이다. 하위 연봉 10%가 상위 연봉 10%에 속하기 위해서는 최소한 3배 이상 더 벌어야 한다는 말이다. 그러나 이 지표를 'D10'과 'D1' 사이의 비율, 다시 말해서 'D10'과 'D1' 사이의 평균임금 비율과 혼동해서는 안 된다. 이 비율은 정의상 더 높게 나타날 수밖에 없으며 여기서는 4,030/890(4.5)가 될 것이다. 말하자면 프랑스의 상위 연봉 10%는 하위 연봉 10%보다 평균 4.5배를 더 많이 버는 것이다. 〈표2〉는 또 상위 연봉 10%가 받은 임금총액이 전체에서 차지하는 비중을 계산하도록 해준다. 'D10'의 평균임금은 전체 평균임금보다 2.37(4,030/1,700)배 높고 'D10'의 노동자 수는 전체 노동자의 10%에 해당하므로 이 결과는 이들의 임금이 전체 임금총액의 23.7%를 차지한다는 뜻이다.

분배 구조의 불평등을 살펴보기 위해서는 단지 양극의 십분위(D1과 D10)간 격차뿐 아니라 지니(Gini)계수*, 타일(Theil)지수*, 앳킨슨(Atkinson)지수*와 같은 또 다른 지표들도 이용될 수 있다[Morrisson, 1996, p.81~96]. 그럼에도 불구하고 십분위 간 유형의 지표들(P90/P10, D10/D1, P80/P20 등)은 아주 오래전부터 이용되어온 가장 간단하고 직관적인 지표들이다. 특히 'P90/P10' 비율은 많은 국가에 적용될 수 있고 비교적 신뢰할 만한 지표라는 장점 때문에 본 장(章)에서도 자주 이용될 것이다.

임금불평등을 보다 총체적으로 살펴보기 위해서는 공공부문(국가, 지방 공공단체, 공기업)의 임금도 고려할 필요가 있다. 프랑스의 경우, 410만에 달하는 공공부문 정규직 노동자들의 평균임금은 민간부문 노동자들의 평균임금을 약간 상회하고, 임금격차도 공공부문이 민간부문보다 현저히 작은 편이다. 예컨대 국가 공직의 임금 'P90/P10' 격차는 2.6이다[INSEE, 1996d, p.55].

국제적 비교

'P90/P10' 비율이 대략 1~3인 이런 임금격차는 어느 국가에서나 동일하게 나타나는 전형적인 임금불평등인가? 〈표3〉은 1990년도 OECD 14개 회원국을 대상으로 조사한 임금의 'P90/P10' 비율이다.

이 결과에 따르면, 1990년도 프랑스의 임금격차는 3.1로,

표3 P90/P10의 비율로 측정된 OECD 내 임금불평등(1990년)

노르웨이	2.0	포르투갈	2.7
스웨덴	2.1	일본	2.8
덴마크	2.2	프랑스	3.1
네델란드	2.3	영국	3.4
벨기에	2.3	오스트리아	3.5
이탈리아	2.4	캐나다	4.4
독일	2.5	미국	4.5

출처 OCDE(1993, p.170~173) ; 미국 : Katz *et al.*,(1995, fig.1)
도해 독일에서 저액연봉 10%가 고액연봉 10%에 속하기 위해서는 2.5배 더 벌어야 한다.

독일과 북유럽 국가들의 중간쯤에 위치한다. 이 국가들의 임금격차는 대체로 약 2.5이며 스웨덴은 2.1, 노르웨이와 덴마크는 2까지 내려간다. 반면 앵글로색슨계 국가들의 'P90/P10' 비율은 영국이 3.4, 캐나다는 4.4, 미국은 4.5이다. 〈표3〉의 수치들은 대상 국가의 정규직 노동자들에게만 해당된다. 이 조건은 정확히 명시해둘 필요가 있다. 시간제 노동자들까지 포함시키면 - 프랑스의 경우 310만의 노동자가 추가된다(2000년도 기준) - 분명 'P90/P10' 비율이 더 높아질 것이기 때문이다. OECD 자료(1990년도 기준)에 따르면, 비정규직 노동자들과 시간제 노동자들을 모두 포함한 결과 미국의 'P90/P10' 비율은 5.5이다. 그러나 OECD에 속한 다른 모든 국가들이 그렇듯[OCDE, 1993, p.173], 정규직 노동자들만 고려하면 미국의 'P90/P10'은 4.5로 떨어진다[Katz *et al.*, 1995, fig.1; Lefranc, 1997, tabl.1]. 따라서 이 모든 국가들의 임금격차는 'P90/P10' 비율 2~2.5에서 4.5로 나타나며, 이것은 매우 비슷한 발전단계에 있는 국가들로선 상당히 큰 격차라고 할 수 있다.

∷ 소득불평등

 이러한 노동자 간 임금불평등이 어떻게 가계 간 소득불평등으로 바뀌는 것인가? 계산은 복잡하다. 자영업자들(2000년 프랑스에서는 300만 명)의 비급여 근로소득, 사회적 이전소득, 세습재산 소득을 추가해야 할 뿐 아니라 급여생활자와 비급여생활자, 각 가계를 이루고 있는 자녀들까지 모두 고려해야 하기 때문이다. 〈표4〉는 이 기준에 따라 2000년도 프랑스의 소득을 계산한 결과이다.

 2000년도에 프랑스에 거주하는 가계들의 월평균 소득은 2,280유로이다. 그러나 이 가계들 중 10%는 790유로 이하를 버는 반면 또 다른 10%는 4,090유로 이상을 번다. 앞서 보았듯, 이들의 임금격차는 'P90/P10' 3.0이었으나 소득격차는 'P90/P10' 5.2로 증가한 것이다. 게다가 최상위 5%는 모두 5,100유로 이상을 버는 가계들이며 이들의 월평균 소득은 7,270유로나 된다.

 가계 간 소득불평등이 노동자 간 임금불평등보다 높은 것은 매우 일반적인 현상이다. 2000년도 프랑스의 경우 실직 상태에 놓여 있는 많은 가계들로 인해 이 현상은 악화된다. 그러나 이것은 대체로 또 다른 요인들로 설명할 수 있다.

표4 프랑스의 소득불공평(2000년)   (단위:유로)

	월소득		
평균	2,280		
D1	540	P10	790
D2	930	P20	1,070
D3	1,190	P30	1,330
D4	1,480	P40	1,610
D5	1,760	P50	1,920
D6	2,080	P60	2,240
D7	2,430	P70	2,630
D8	2,880	P80	3,150
D9	3,570	P90	4,090
P90－P95	4,520	P95	5,100
P95－P100	7,270		

출처 '2000년도 가계예산'조사, INSEE(위 수치는 저자 계산에 따른 것임)

도해 〈표1〉과 〈표2〉를 참고할 것. 하위 10%의 소득은 매월 790유로 이하(평균 540유로)이고, 상위 10%의 소득은 매월 5,100유로 이상(평균 7,300유로) 이다.

주석 위의 수치는 연소득을 12로 나눈 것이며, 임금, 자영업소득, 퇴직연금, 이전과 세습재산소득을 포함하고 있다. 위의 소득은 사회적분담금과 CSG/RDS는 면제되어 있으나 다른 직접세(소득세(IR), 주민세(TH))들은 면제되지 않은 금액이다.

먼저, 비급여 근로소득과 세습재산소득은 임금보다 훨씬 더 불공평하게 분배된다. 일반적으로 상위 10%의 세습재산소득은 전체 세습재산소득의 약 50%에 해당하는데 이것은 상위 10%가 소유하고 있는 세습재산 비중과 일치한다. 반면 상위 연봉 10%의 임금총액은 국가에 따라 20~30%를 차지하고 있다(2000년 기준 프랑스 23.7%). 그럼에도 불구하고 총소득에서 세습재산소득이 차지하는 비중은 미미하다. 바로 이것이 2000년도 프랑스에서 상위 10%의 가계소득이 총소득의 26%에 불과한 이유이다.

이처럼 세습재산의 격차는 임금이나 소득불평등보다 훨씬 더 심한데도 심지어 잘 알려져 있지도 않다. 사실, 세습재산의 불평등은 이것을 지속시켜주는 과거와 현재의 소득불평등뿐 아니라, 상당 부분 소득불평등으로는 설명될 수 없는 저축과 축적 행태의 차이에 의해서도 설명된다. 롤리비에와 베르제(Lollivier et Verger[1996])의 연구에 따르면, 1992년 프랑스의 경우도 거의 절반이 후자에 의해 설명된다. 이처럼 세습재산과 관련된 특수한 어려움들은 왜 불평등의 척도가 대체로 소득과 임금불평등으로 제한되고 있는지를 설명해준다.

그러나 소득불평등이 항상 임금불평등보다 현저히 높

게 나타나는 주된 이유는 전혀 다른 데 있다. 이것은 저소득 가계(독신가구 포함) 대다수가 변변찮은 퇴직연금을 받는 가계들인 반면, 고소득 가계는 주로 부양자녀를 둔 맞벌이 부부로 곱절의 임금을 받는 경우가 많다는 데서 기인한다. 만약 소득 자체가 아닌 생활수준의 불평등을 측정하기 위해 가계소득이 아니라 가계규모에 따라 조정된 소득을 기준으로 'P90/P10' 비율을 계산한다면 사용된 조정표, 곧 등가표에 따라 5.2가 아닌 4.3~4.4라는 결과를 얻게 될 것이다[INSEE, 1996b, p.16]. 나아가 가계들의 실질 가처분소득에 대한 불평등을 살펴보려면 소득세의 역할도 함께 고려할 필요가 있다. 그렇게 되면 〈표4〉와는 다른 결과가 산출될 것이며, 이것은 'P90/P10' 격차를 약 10% 가량 감소시킬 것이다. 왜냐하면 'P90'에 속한 가계가 매달 납부하는 소득세 4,090유로는 평균적으로 그의 소득의 약 10%를 차지하는 반면, 'P10'에 속한 가계들은 소득세를 전혀 내지 않기 때문이다[INSEE, 1995, p.19 ; 조세와 이전지출의 재분배 효과에 관해서는 4장 참고]. 이로써 가계 규모에 따라 조정된 실소득의 'P90/P10' 격차는 임금 불평등 격차보다 약간 높은 3.5~4가량임을 알 수 있다.

표5 P90/P10 비율로 측정된 OECD 내 소득불평등

스웨덴(1987년)	2.7	영국(1986년)	3.8
벨기에(1988년)	2.8	이탈리아(1986년)	4.0
노르웨이(1986년)	2.9	캐나다(1987년)	4.0
독일(1984년)	3.0	미국(1985년)	5.9
프랑스(1984년)	3.5		

출처 LIS, Atkinson, Rainwater et Smeeding(1995, p.40)

도해 스웨덴에서 하위 10%가 상위 10%에 속하기 위해서는 2.7배를 더 벌어야 한다.

주석 P90/P10은 가계규모에 맞게 조정된 가처분소득을 기준한 것이다 (Atkinson *et al.*, 1995)

국제적 비교

'P90/P10' 격차 3.5~4라는 이 수치는 여타 국가들에서 관찰되는 격차와 어떻게 비교되어지는가? 유감스럽게도 가계소득에 관한 국제적 비교는 임금의 경우보다 측정하기가 훨씬 더 어렵다. 무엇보다 모든 국가의 소득을 정확히 똑같은 범주로 분류하기가 어렵기 때문이다. 그럼에도 불구하고 국가 간 상호비교를 위한 데이터베이스 구축이라는 야심찬 계획의 결과, 1995년 OECD의 요구

에 따라 국제적 소득불평등연구인 『룩셈부르크 소득연구(Luxembourg Income Study(LIS))』가 출간되었다[Atkinson et al., 1995].

〈표5〉의 'P90/P10' 격차는 가처분소득의−모든 세금과 이전을 고려한 뒤 가계 규모에 따라 조정된 소득−격차를 보여준다. 이로써 프랑스의 수치는 〈표4〉에서처럼 5.2가 아닌 3.5가 된다. 여기서 한 가지 덧붙여야 할 사실은 이 OECD 보고서가 2000년도 '가계 예산' 자료가 아닌 1984년도 조세출처 자료를 이용하고 있다는 점이다. 여기서도 임금불평등에서와 똑같은 국제적 대조를 볼 수 있다. 임금격차가 2~2.5였던 북유럽 국가들(영국, 벨기에, 스웨덴, 노르웨이)의 소득격차는 2.5~3인 반면, 임금격차가 3.5~4.5였던 앵글로색슨계 국가들의 소득격차는 4~4.5라는 것이다. 여기서 미국은 5.9라는 신기록을 세우고 프랑스는 또 다시 중간 위치를 차지한다.

사실 이 수치들은 선진국 외에서 유효한 몇몇 불평등 지표들과는 비교하기가 몹시 어렵다. 그럼에도 불구하고 이 모든 것들은 매우 다양한 상황을 보여주는 것처럼 보인다. 남미 국가들의 소득불평등은 가장 불평등한 서방 국가들보다 높은 반면, 대부분의 아시아 국가들과 아프리카

저개발 국가들의 소득불평등은 대체로 가장 평등한 서방 국가들과 같거나 더 낮다[Morrisson, 1996, p.145~172]. 또한 이 비교는 공산주의 국가들의 소득불평등과도 비교하기가 어렵다. 공산주의 국가에서 현물로 지급되는 수많은 혜택들을 통화로 수량화하기가 어렵기 때문이다. 이용 가능한 지표들에 따르면, 공산주의 국가들의 실질소득 격차는 평균적인 자본주의 국가의 실질소득격차에 필적할 만하며, 대체로 자본주의 국가들의 최저치보다는 높게 나타나는 것으로 보인다.

∷ 시간과 공간의 불평등

 같은 시간, 같은 국가에 살고 있는 하위 10%와 상위 10%간의 임금격차나 소득격차는(1~3 혹은 1~4로 표시되는), 1990년의 서양인을 1900년의 서양인과 갈라놓거나 1990년의 서양인을 1990년의 인도인과 갈라놓는 불평등에 비하면 무시할 만한 것일까? 〈표6〉은 1870~1994년까지 프랑스의 한 노동자와 고위간부의 평균구매력을 보여주는 것으로 제시된 수치는 생계비 변화를 감안해 1994년 프랑화로 조정된 것이다.

 이 결과는 분명 신중히 취해져야 한다. 시간을 거슬러 과거로 돌아가면 생계비 종합지표에 대한 개념 자체가 문젯거리가 되기 때문이다. 그만큼 소비방식이 많이 변했다는 얘기다. 그러나 대강의 크기는 의미 있는 것으로 볼 수 있다. 1870~1994년 사이에 노동자들의 구매력은 8배가량 증가했다. 이처럼 눈부신 생활수준의 발전은 지난 세기 자본주의 체제 아래서 거둔 성과이며 특히 모든 서방국가들이 놀랄 만큼 똑같은 양상을 보여준다. 예를 들어 미국에서는 1870~1990년 사이에 시급 노동자가 11배나 증가했다. 말하자면 연평균 약 2%가 증가한 셈이다[Duménil

표6 1870~1994년까지 프랑스의 불평등 추이

연도	노동자	사무원	중간간부	고위간부
1870	960			4,360
1910	1,760			6,820
1950	2,200	2,615	3,740	7,330
1994	7,250	7,180	10,740	20,820

출처 1950년과 1994년 자료, DADS, INSEE(1996a, p.44, 56) / 1870~1910년의 노동자임금 : L'homme(1968, p.46) / 임금의 경우 쿠진스키(Kuczynski) 자료를 토대로 조정된 수치(1910~1950)) / 가격의 경우 SGF(INSEE(1994, p.142, 152)) / 노동자들과 고급간부들의 임금격차는 1910년에 3.9이고 1870년에 4.6이다. 이것은 모리슨(Morrisson)의 노무자와 숙련노동자와 고위간부 사이의 격차를 근거로 계산된 수치이다(1991, p.154).

도해 다양한 범주의 직업들의 실질 평균월급을 기준한 것이며 구매력은 1994년 프랑화로 환산된 것이다.

et Lévy, 1996, 15장]. 연간 노동시간의 감소를 감안하면 이 수치는 거의 프랑스의 증가율과 일치한다.

1870년의 서양인과 1990년의 서양인 사이의 격차를 1~10의 수치로 나타낸다면, 이 둘의 격차는 1990년 서양인의 평균소득과 1990년 중국인이나 인도인의 평균소득 격차와 놀랄 정도로 일치하며, 최상의 평가를 이용해 구매력의 등가(等價)를 산정하면 심지어 더 낮아지기도 한다 [Drèze et Sen, 1995, p.213]. 1인당 국민총생산으로 환산하면 이 격차들은 대체로 4~5배가량 더 크지만 구매력의

실제 차이를 측정하기가 힘든 서방의 통화 환율로 나타낸 것이므로 실상 대단히 의미 있는 수치는 아니다. 최상위 국들과 최하위국들의 평균 생활수준을 1~10의 수치로 나타내는 것이 현실에 훨씬 더 가까운 결과일 것이다.

요약하자면, 한 국가에서 'P90/P10' 비율이 3~4로 평가되는 상위 10%와 하위 10% 사이의 불평등은 시간적으로, 19세기 말과 20세기 말의 생활수준 불평등이나, 부유한 국가들과 가난한 국가들 간의 불평등보다 2~3배가량 낮게 나타난다. 따라서 이 두 형태의 불평등은 한쪽이 다른 한쪽보다 높은 것은 분명하지만 전혀 비교할 수 없는 것은 아니다.

∷ 불평등의 역사적 변화

한 국가에서 부자들과 가난한 자들 격차나(1~3,4) 부유한 국가들과 가난한 국가들 격차는(1~10) 계속 같은 상태를 유지할 수밖에 없는 것인가? 아니면 증가하거나 감소할 수 있는 것인가?

마르크스와 19세기 사회주의 이론가들의 경우, 불평등을 이런 식으로 수량화하지는 않았지만 이들의 답변은 거의 의심할 여지가 없었다. 자본주의 체제는 그 논리상 대립된 두 사회계급(프롤레타리아와 자본가) 간의 불평등을 끊임없이 증폭시킬 수밖에 없으며, 산업화된 국가들 내에서 부국과 빈국 간의 불평등도 이와 마찬가지라는 것이다. 그러나 얼마 지나지 않아 사회주의 풍조 내에서 이러한 예측에 대한 의문이 제기되기 시작했다. 1890년대부터 베른슈타인(Bernstein)은 프롤레타리아화 테제는 성립되지 않는다고 주장했다. 이 테제와는 반대로 사회구조가 점점 다양화되고 부가 더 광범위한 계층으로 확산되는 모습을 목격할 수 있었기 때문이다.

그럼에도 불구하고, 19세기 이후 서방국가들의 임금과 소득의 불평등이 실제로 감소했다고 평가할 수 있는 것은 제2차 세계대전 이후부터이다. 이런 평가는 새로운 예측들이 공식화됨에 따라 가능해졌으며 그중 가장 널리 알려진 것이 쿠즈네츠(Kuznets)의 이론[1955]이다. 이 이론에 따르면, 불평등은 어디서나 경제성장 과정에서 종형 곡선(∩)을 그리게 되어 있다. 첫 번째는 전통적인 농업사회에서 산업화와 도시화가 진행되면서 불평등이 증가하는 단계이고, 두 번째는 안정화되는 단계이며 그 이후에는 불평등이 실질적으로 감소한다는 것이다. 불평등이 19세기 전반에 상승세를 타다가 19세기 후반부터 감소 추세로 접어드는 이런 양상은 특히 영국과[Williamson, 1985] 미국에서[Williamso et Lindert, 1980] 뚜렷이 관찰된다. 이 두 국가에서는 상위 10%가 소유한 총 세습재산이 1770년 경 약 50%에서 19세기 말에는 70~80%까지 올라간다. 그리고 1970년에 이르면 다시 오늘날 세습재산 불평등의 전형인 50% 수준으로 떨어진다. 이용 가능한 자료들은 다른 모든 서방국가들도 이와 똑같은 유형의 변화를 겪었음을 암시해준다.

그럼에도 불구하고, 프랑스와 미국을 대상으로 한 최

근 연구들을 보면[Piketty, 2001; Piketty et Saez, 2003 ; Landais, 2007], 20세기 중에 관찰된 불평등의 가파른 감소는 결코 '자연스런' 경제발전 과정의 결과가 아니라는 걸 알 수 있다. 이러한 불평등의 감소는 단지 세습재산의 불평등에만 해당되며 장기적으로 볼 때 임금 서열에는 어떤 감소 추세도 보이지 않는다. 결국 이것은 1914~1945년 사이에 세습재산 소유자들이 겪은 충격(전쟁, 인플레이션, 1930년대 경제위기)에서 기인한 것으로 보인다. 부와 자본소득의 집중은 제1차 세계대전 전야에 도달했던 천문학적 수준을 그 이후로는 결코 회복하지 못했다. 이에 대한 가장 그럴듯한 설명은 20세기를 특징지었던 조세혁명을 끌어들이는 것이다. 막대한 세습재산의 축적과 재편에 부과되는 누진소득세(1914년 제정)와 누진상속세(1901년 제정)의 도입은 사실상 19세기 금리생활자들의 사회, 곧 불로소득 사회로의 회귀에 대한 사전예방조치였던 것처럼 보인다. 만약 오늘날 사회가 간부들의 사회가 된다면, 다시 말해서 과거에 축적한 자본소득으로 살아가는 이들이 아니라 자신의 근로소득으로 살아가는 이들이 분배의 수뇌부를 지배하는 사회가 된다면, 그것은 무엇보다 이러한 역사적 상황과 특별한 제도들 덕분일 것이다.

그래프1 프랑스 금리생활자들의 몰락과 임금 서열의 안정(1913~2005)

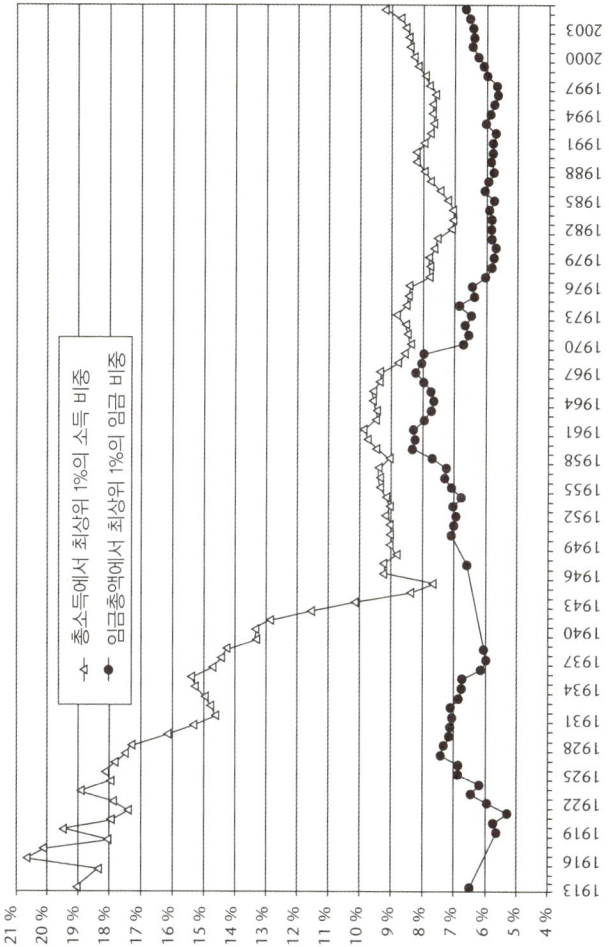

출처 Piketty[2001], Lindais[2007]

01 불평등과 그 변화의 척도   39

표7 1970년 이후 P90/P10 비율에 의한 임금불평등 추이

	1970년	1980년	1990년
독일		2.5	2.5
미국	3.2	3.8	4.5
프랑스	3.7	3.2	3.2
이탈리아		2.3	2.5
일본		2.5	2.8
영국	2.5	2.6	3.3
스웨덴	2.1	2.0	2.1

출처 독일, 이탈리아, 일본, 스웨덴 : OECD(1993, p. 170~173)/프랑스 : INSEE (1996a, p.48), 미국, 영국 : Katz *et al.* (1995, fig.1)

도해 1970년 미국에서 하위 연봉 10%가 상위 연봉 10%에 속하기 위해서는 3.2배를 더 벌어야 하는 반면, 1990년에는 4.5배를 더 벌어야 한다.

쿠즈네츠의 법칙은 이 역사의 결론이 아니라 오히려 특수하며 가역적인 한 역사의 산물이라고 할 수 있다.

역사적인 주요 법칙들로부터 불확실함으로

그러나 1980년대에 이르자 서방국가들의 불평등이 1970년대부터 다시 증가하기 시작했다는 사실이 확인되었고 바로 이것이 경제성장과 불평등을 막무가내로 연결짓는 종형(∩) 곡선 이론에 치명타를 가했다. 쿠즈네츠 곡

선의 이런 반전은 불평등의 변화를 설명하는 역사적인 주요 법칙들의 소멸을 의미하며 각기 다른 시점에서 이 불평등을 증가시키거나 감소시키는 복잡한 메커니즘에 대한 신중하고 치밀한 분석을 유발하게 된다.

〈표7〉은 1970년 이후 서방국가들의 임금불평등 추이를 보여준다. 이 표에 따르면 임금불평등은 사실상 미국과 영국에서만 증가했다. 그러나 1980년대에는 모든 국가에서 이 불평등은 더 이상 감소하지 않는다. 이것은 서방국가들과 저개발 국가들을 구별하는 중요한 표지가 된다. 저개발 국가에서는 이런 유형의 경향이 전혀 탐지되지 않기 때문이다[Davis, 1992]. 미국의 경우, 하위 연봉 10%와 상위 연봉 10%의 'P90/P10' 비율은 1970~1980년에 약 20% 증가했고 1980~1990년에 다시 약 20%가 증가했다. 말하자면 이 전체 기간 동안 거의 50%가 증가한 셈이다. 이것은 임금불평등의 변형이 통상 느리게 진행된다는 점에 비추어볼 때 상당히 큰 수치일 뿐 아니라 미국의 임금불평등을 양차대전 사이의 수준으로 되돌려놓는 것이기도 하다[Goldin et Margo, 1992]. 이런 변화에 힘입어, 아니 필연적 결과로 1970년대까지 감소했던 세습재산의 불평등이 다시 상승세를 타기 시작했다[Wolff, 1992].

영국은 사정이 사뭇 다르다. 영국의 임금불평등은 1970년에는 아주 미미해서 거의 스칸디나비아 국가들 수준에 가까웠으나, 1970년대 후반 약간 증가한 뒤 1980~1990년에는 'P90/P10' 비율이 거의 30%나 증가했다. 그 결과 영국은 1990년대 이르러 불평등의 선두 그룹에 속한 미국과 재회하게 되었다. 북유럽 국가들의 'P90/P10' 비율은 2~2.5로 불평등이 약간 증가하는 추세를 보였으나 대체로 이전 수준에 머물러 있었다. 프랑스의 경우는 매우 특이하다. 1970년에 프랑스의 임금불평등은 서방국가들 중 가장 높았다. 그러나 1970년대를 거치면서 빠르게 감소했고 1980~1990년대에는 안정화 단계에 접어들었다 [INSEE, 1996a, p.48]. 물론 1983~1984년 이후 아주 조금 증가하긴 하지만 – 1984년 'P90/P10' 비율 3.1에서 1984~1995년 3.2로 – 프랑스의 임금불평등은 1980~1990년대 동안 대체로 안정된 상태를 유지했다. 따라서 미국의 임금이 프랑스의 임금보다 더 불공평하게 분배되었던 시기는 1970년대뿐이었다. 반면 영국은 1980년대 말부터 1990년대에 이르러서야 비로소 불평등 순위에서 근소한 차로 프랑스를 추월하게 된다. 이탈리아의 경우, 출발선에서는 임금불평등 수준이 프랑스보다 현저히 낮았지만

1970~1990년대에는 프랑스와 매우 비슷한 변화 과정을 겪는다. 이탈리아의 임금불평등은 1970~1980년대 초까지 빠르게 감소한 뒤 1984년 이후 'P90/P10' 비율이 증가하기 시작한다[Erickson et Ichino, 1995].

임금에서 소득으로

여기서도 소득불평등 변화는 임금불평등 변화보다 측정하기가 더 어렵다. 그러나 '룩셈부르크 소득연구(LIS)' 자료는 가계 가처분소득의 – 가계 규모에 따라 조정된 가처분소득 – 불평등 지표인 'P90/P10' 비율의 대략적인 변화를 설명해준다[Atkinson *et al.,* 1995, p.47]. 소득불평등이 증가한 국가들은 대체로 임금불평등이 증가한 국가들이었다. 예컨대 1979~1986년 사이에 미국의 'P90/P10' 비율은 4.9에서 5.9로, 영국은 3.5에서 3.8로 변했다. 이와 반대로, 북유럽 국가들은 임금불평등의 미동(微動)에 맞추어 소득불평등도 미미한 증가를 – 노르웨이는 2.8에서 2.9로, 스웨덴은 2.5에서 2.7로 – 보였을 뿐이다. 프랑스도 1970년대에는 'P90/P10' 비율이 심하게 감소했으나 1980년대 초부터 3.5로 안정된 상태를 유지한다. 1996년 통계

수치가 '측정 정확도의 한계'에 상당히 가깝기는 하지만 프랑스에서는 1990년대 초부터 이 비율이 약간 증가하는 추세가 감지된다[INSEE, 1996b, p.36~37]. 따라서 모든 서방국가에서 이전 시기에 비해 불평등 변화에 반전이 있었다는 사실에는 이론의 여지가 없다. 1980~1990년대에는 어느 국가에서나 소득불평등이 임금불평등을 본떠 더 이상 감소하지 않았으나 임금불평등이 상승세를 회복한 국가에서는 소득불평등도 현저히 증가했다. 쿠즈네츠 곡선은 확실히 죽은 것이다.

그러나 임금 불평등이 소득불평등의 주원인이라는 것은 의심할 여지없는 사실이라 해도, 소득불평등의 모든 변화를 단순히 임금불평등의 기계적인 대역으로 치부해서는 안 될 것이다[Gottachalk, 1993]. 예를 들어, 1970~1990년 사이에 미국의 가구소득 불평등 증가는 사실상 절반가량이 가구 구성원들 간 소득의 상관성이 증가한데서 비롯되었다. 다시 말해서, 고소득자들은 더 자주 고소득자들과 결혼하는 반면, 극빈자들은 대체로 부양자녀가 딸린 독신 여성들과 결혼한다는 사실에서 기인한 것이다[Meyer, 1995]. 또 다른 서방국가들은 1970년대 이후 다양한 방식으로 조제와 이전지출의 누진과세를 발전시켰다. 이 정책들은 미국과 영국에서는 임금불평등을 악화시키는 경향이 있었지만 다른 국가들에서는 오히려 그 피해를 억제하도록 해주었다. 여기서 특별히 눈길을 끄는 것은 미국과 캐나다 간의 비교이다. 두 나라의 노동시장과 임금불평등이 비슷하게 변화하는 상황에서, 가계소득의 'P90/P10' 비율을 살펴보면 캐나다는 4정도로 안정되어 있는 반면, 미국은 4.9에서 5.9로 증가한다[Atkinson *et al.*, 1995, p.47]. 이러한 결과가 도출되기까지는 당연히 복합적인 요인들이 작용했을 테지만 핵심적 부분은 여기에 수반된 세제와 사회정책의 차이로 설명될 수 있다[Card et Freeman, 1993].

고용으로 인한 불평등

일반적으로 볼 때, 1970년대 말부터 하위 10%와 상위 10%의 소득격차와 임금격차가 거의 변하지 않은 프랑스와 같은 나라에서 불평등 변화를 개괄하고자 하는 것은 분명 잘못된 생각일 것이다. 많은 국가에서, 특히 프랑스에서 가계 간 가처분소득 격차가 상대적인 안정을 이루었다면 이유는 단 하나, 사회적 이전이 증가하는 실업자들의 근로소득 상실분을 거의 상쇄할 수 있었기 때문이다. 만약 이러한 이전지출(실업수당, RMI 등)이 없었다면 임금격차가 안정적이었음에도 불구하고 프랑스의 소득불평등 추이는 앵글로색슨계 국가들과 똑같았을 것이다. 프랑스에서는 1970년대 말부터 실제 취업인구가 아닌 노동연령인구의 근로소득 불평등이 상당히 증가했고 그 속도도 가히 앵글로색슨계 국가들에 필적할 만한 것이었기 때문이다. [Bourguignon et Martinez, 1996]. 따라서 고용불평등 형태를 띠든 임금불평등 형태를 띠든, 근로소득의 실제 불평등은 1970년대 이후 모든 서방국가에서 증가했다고 볼 수 있다.

임금불평등 증가형인 앵글로색슨계 국가들과 고용불평등 증가형인 여타 국가들을 명확히 구분하는 것은 정말 가능한 일인가? 공식적인 수치들은 가능하다는 암시를 준다. 가령, 1996년 실업률을 살펴보면, 미국은 5.6%, 영국은 7.5%인(빠른 감소 추세와 함께) 반면, 독일은 10.3%, 이탈리아는 12.1%, 프랑스는 12.2%(임금노동자, 자영업자, 실업자를 모두 포함해서 약 2,500만 생산인구 중 실업자는 300만 명이다)를 기록하고 있기 때문이다[OCDE, 1996, A24]. 1990년대 말 강력한 경제성장은 사실상 국가

간 격차에 상관없이-2000년 미국의 실업률은 4%, 프랑스는 10%였다[OCDE, 2000]-모든 국가의 실업률을 현저히 떨어뜨렸다. 그러나 스칸디나비아 국가들은 이 분류에서 제외된 것처럼 보인다. 여기서는 임금불평등이 크게 증가하지 않았고 실업률도 평범한 수준을 유지하고 있기 때문이다(스웨덴의 경우, 1996년 실업률은 7.6%, 2000년은 6%).

이런 유형의 비교가 지닌 문제점은 '실업'이라는 개념에 불완전고용 현상의 일부만 포함된다는 사실이다. 예를 들어, 1970년대 초부터 미국에서는 공식적인 생산인구 중 단순노동자들이 대거 감소하면서 노동시장이 크게 축소되는데 이 변화는 다른 생산인구 집단들의 변화와는 달리 전적으로 저임금의 붕괴로 설명된다[Juhn *et al.*, 1991 ; Topel, 1993]. 이처럼 실업통계에는 포함되지 않지만 노동이 가능한 수많은 인구가 노동시장에서 배제되어 있음을 알 수 있다. 이 변화의 극단적 양상은 수감인구의 엄청난 증가이다. 1995년 미국 교도소의 수감인구는 150만 명이었다. 이 수는 1980년에는 50만 명이었으며 2000년에는 240만 명에 이를 것으로 추정된다[Freeman, 1996]. 공식적인 실업통계에 누락되어 있는 이런 형태의 불완전고용은 결코 지엽적인 것으로 치부할 만한 사항이 아니다. 1995년을 기준했을 때, 미국에서 수감자가 150만 명이라는 사실은 이것만으로도 생산인구의 1.5%를 차지하지만, 프랑스에서는 6만 명의 수감자가 생산인구에서 차지하는 비중은 0.3%에 불과하기 때문이다. 물론 1970년 이후 미국의 범죄 변화를 단지 임금불평등의 변화로만 설명하려는 것은 지나치게 순진한 발상일 것이다. 그러나 10번째 백분위수 임금이 90번째 백분위수 임금에 비해 거의 50%가 떨어진 1995년에 아메리카에서 프롤레타리아의 전형이 되는 것은 1970년보다는 훨씬 더 어려웠음이 분명하다.

이쯤 되면 사실상 미국도 실업으로 타격을 입은 유럽 국가들만큼이나 실질적인 불완전고용이 높았다고 결론짓고 싶어진다. 그러나 유감스럽게도 숨겨진 불완전고용이란 미국에만 국한된 현상이 아니기 때문에 이런 평가는 지나친 것으로 볼 수 있다. 사실 유럽에서는 이러한 현상이 보다 눈길을 덜 끌면서도 훨씬 대대적인 또 다른 형태로 나타났다. 1996년 프랑스에서는 노동가능 인구 중 67%만이 생산인구에 계수된 반면, 미국에서는 77%, 영국에서는 75% 이상이 계수되었고 독일에서는 68%, 이탈리아에서도 60%만 계수되었다는 사실이 이를 대변해준다[OCDE,

1996, A22]. 노동시장 참여율을 나타내는 이 지표는 여성들이나 조기퇴직자들의 참여와 같은 복잡한 문제가 얽혀 있기 때문에 결코 완벽한 것은 아니지만 어느 정도는 현실을 설명해준다고 볼 수 있다. 가령, 프랑스에서 실업자 한 명의 실업수치를 낮추기 위해서는 한 개 이상의 고용을 창출해야 한다는 것은 잘 알려진 사실이다. 왜냐하면 창출된 고용의 일부가 생산인구에는 계수되지 않지만 적당한 일자리가 생기면 언제든 노동시장에 편입될 준비가 되어 있는 사람들의 차지가 될 것이기 때문이다. 게다가 프랑스에서는 비자발적 시간제노동자, 즉 어쩔 수 없이 시간제로 일하지만 기회가 되면 더 많이 일할 의향이 있는 노동자들의 수도 크게 증가하는 추세이다[CSERC, 1996, p.50]. 이 같은 불확실성은 오늘날 불평등 문제의 중심에 있는 고용불평등을 정확히 평가할 수 있는 우리의 능력에 한계가 있음을 말해준다.

02 자본과 노동 간 불평등

산업혁명 이후, 특히 칼 마르크스(Karl Marx (1818-1883))의 저술 이후 사회적 불평등과 재분배 문제는 자본과 노동, 이윤과 임금, 고용자와 피고용자 간의 대립이라는 관점에서 제기되었다. 불평등 역시 자본을 소유한 자들과 이를 소유하지 못한 자들 간의 대립으로 기술된다. 생산수단을 소유함으로써 이를 통해 소득을 얻는 이들과 생산수단을 소유하지 못함으로써 자신의 노동소득에만 만족해야 하는 이들 간의 대립으로 설명되는 것이다. 그렇다면 이 불평등의 근원은 자본 소유의 불공평한 분배가 될 것이다. 여기서 불평등의 두 주체인 자본가와 노동자는 우선 이 둘을 대립시키는 모든 것들에 비해 동질적인 집단으로 간주되며 근로소득의 불평등은 부차적인 것으로 고려된다. 이 불평등을 순전히 자본·노동 간 불평등으로 보는 시각은 자본의 사적소유를 폐지할 필요까지는 없었던 국가들에서 오래전부터 재분배를 이해하고 구상하는 방식에 깊은 영향을 끼쳐왔고 앞으로도 그럴 것이다.

자본·노동 간 불평등에 특별한 관심이 주어지는 건 놀랄 일이 아니다. 사실, 자본이 생산된 소득에서 실질적인 몫을 챙긴다는 사실은 사회정의의 기본 원리에 반(反)하는 것처럼 보이며 곧바로 재분배의 문제를 제기한다. 왜 자본을 물려받은 이들은 자신의 노동력밖에 물려받지 못한 이들에게 금지된 소득을 마음대로 사용할 수 있는 것인가? 시장이 비효율적이지만 않다면 이 문제는 서문에서 소개한 구분을 토대로—기초적 재분배와 효율적 재분배—자본소득을 근로소득 쪽으로 이전하는 기초적 재분배를 정당화하기만 하면 될 것이다. 그렇다면 이 기초적 재분배에 적합한 도구와 규모는 어떻게 검토할 것인가? 자본과 노동의 소득분할과 재분배의 역사는 우리에게 어떤 교훈을 주는가?

그러나 자본·노동 간 재분배가 문제시되는 건 기초적 사회정의에 대한 고려 때문만은 아니다. 개인 간 혹은 국가 간 자본분배의 불평등은 시간이 가면서 계속 되풀이될 텐데, 부자들을 따라잡고 마음껏 투자하고자 하는 가난한 자들의 능력을 제한할 것이라는 이유로 과연 이 불평등을 부당하고 비효율적인 것으로 간주할 수 있을까? 그렇다면 이 불평등에 맞서도록 해주는 효율적 재분배의 도구는 무엇인가?

∷ 총소득에서 자본이 차지하는 비중

 제기된 문제는 간단해 보인다. 국민생산이 얼마간의 자본(기계, 장비 등)과 얼마간의 노동(노동시간 수)으로부터 얻어진다고 할 때, 기업의 총소득에서 자본소득의 비중(기업들과 자본 소유자들에게 돌아가는 이익과 이자)과 노동소득의 비중(노동자들에게 지불되는 임금)은 어떻게 결정되는가? 또 공적개입을 통한 재분배는 이렇게 분할된 몫을 어떻게 수정할 수 있는가? 이러한 문제와 특히 소득 분할에 관여하는 가격체계(자본가격과 노동가격)의 역할은 무엇보다 경제학자들 사이에서 빚어지는 첨예한 이론적·정치적 갈등의 근원이다.

자본·노동 간 대체의 문제

 우선, 여기서 가변적인 자본량과 노동량으로부터 국민생산을 이끌어내는 기술은 경제학자들이 명명한 고정계수라고 가정해보자. 그렇다면 재화 1단위를 생산하기 위해서는 정확히 1단위의 자본과 n단위의 노동이 필요하다. 바꿔 말하면 주어진 기계를 제대로 이용하려면 더도 덜도 아닌 정확히 n명의 노동자가 필요하다는 말이다.

 이런 관점에서 보면, 자본·노동 간 소득분할 문제는 순전히 분배에 달려 있다고 볼 수 있다. 관건은 자본과 노동이라는 두 생산요소로부터 생산된 단위를 분배하는 것이다. 말하자면 생산과정과는 상관없이 생산된 재화를 기계 소유자와 n명의 노동자들이 나눠가지면 되는 것이다. 시장 원리와 가격체계는 거시경제 차원에서 생산요소를 선택하는데 어떠한 할당 역할도 하지 않는다. 기업들이 자본과 노동에 지불한 비용이 얼마든 간에 1단위의 재화를 생산하기 위해서는 어쨌거나 기계 1단위와 노동 n단위를 사용해야 하기 때문이다. 특히 여기서 총고용량은 고정되어 있다. 이 고용량은 전적으로 가용자본 보유고, 즉 그 경제의 생산력에 의해 결정된다. 예를 들어 재분배를 위한 어떤 공적개입도 없다면 자본·노동 간 효과적인 소득분할은 노조의 협상력이나 큰 몫을 챙길 만한 고용자들의 역량에 달려 있을 것이다. 쉽게 말해 자본가와 노동자 간 세력관계에 따라 좌우될 것이라는 얘기다. 그러나 여기서 중요한 사실은 자본과 노동에 지불된 비용이 생산과 고용량에는 어떤 영향도 미치지 않을 것이라는 점이다. 자본과 노동 사이의 소득분할은 기초적 분배 갈등을 야기한다.

이런 상황에서는 자본·노동 간 재분배가 어떻게 실행되는지를 아는 건 중요하지 않다. 재분배의 도구는 문제가 되지 않는다는 말이다. 이것은 전적으로 기업들이 법적 최저임금을 인상하거나 노조의 임금인상 요구를 지지하는 등의 방법으로 노동자들에게 지불하는 임금을 올림으로써 소득을 노동 쪽으로 재분배하거나, 노동자들을 위한 재정 이전에 출자하기 위해 – 노동자들에게 부과되는 세금을 줄이기 위해 – 자본에 부과되는 세금을 올림으로써 소득을 노동 쪽으로 재분배하는 상황에 해당한다. 이렇게 되면 재분배의 두 가지 도구는 – 기업이 지불하는 임금과 이익을 통해 이루어지는 직접적 재분배와 기업이 실시한 1차적 분배에는 직접 관여하지 않고 세금과 이전지출을 통해 이루어지는 재정적 재분배 – 완전히 대등해진다. 생산에 사용된 자본량과 노동량 그리고 전체적인 생산 수위가 항상 고정되어 있기 때문이다.

물론, 자본의 축적과 투자를 통해 미래의 생산력을 향상시키고자 하는 기업들과 자본 소유자들의 의욕과 역량을 보호하는 차원에서 노동자들에게 바람직한 자본·노동 간 재분배의 규모를 제한할 수 있다. 그러나 이런 반론은 총소득에서 자본의 몫을 줄이려는 모든 시도에 – 직접적 분배에 근거한 것이든 재정적 분배에 근거한 것이든-똑같이 적용될 수 있다. 자본·노동 간 소득분할이 순전히 분배의 문제인 이상, 이 분배가 어떻게 시행되는지는 문제될 게 없다. 오직 그 결과만이 중요할 뿐이다.

자본·노동 간 대체 개념 만약 생산과정에 투입된 자본과 노동의 비율을 바꿀 수 있다면 다른 결론들이 도출될 것이다. 그렇다면 이제 자본 1단위를 사용하는 데 반드시 n단위의 노동이 필요한 것은 아니라고 가정해보자. 그리고 노동의 단위수를 증가시키면, 기계가 수행하던 임무를 노동자들이 대신하게 되므로 항상 더 많은 생산이 가능해진다고 해보자. 비록 어떤 기업에서 일정한 생산을 위해 기계당 n명 이상의 노동자를 효율적으로 사용하는 것이 불가능하다 할지라도, 또 다른 기업들은-경우에 따라 또 다른 경제 부문들-자본집약도가 더 낮고 노동집약도가 더 높은 방법을 이용할 가능성이 있다. 예를 들어 서비스 분야는 대체로 제조업보다 더 많은 노동과 더 적은 자본을 이용해서 막대한 수익을 올릴 수 있고, 그 결과 경제 전체로 보면 일정한 자본에 대한 총고용량이 증가하게 된다. 따라서 노동으로 자본을 대체하거나 역으로 자본으로 노동을 대체할 가능성을 측정할 때는 순전히 기술적 가능성만을 고려하는 게 아니라 사회 전체의 생산방식과 소비방식의 구조적인 변화 가능성도 함께 고려해야 한다.

만약 자본과 노동 사이에 이런 대체성이 존재한다면 자본과 노동의 가격체계는 고정계수인 기술과는 달리 거시경제 차원에서 두 생산요소의 양을 결정하는 데 중요한 할당 역할을 할 수 있을 것이다. 실제로, 시장경제 테두리 안에서 기업들은 투자비용보다 더 큰 수익이 보장된다면, 다시 말해서 노동의 한계생산성이 노동가격보다 크다면 더 많은 노동자들을 채용하고자 할 것이다. 여기서 노동의 한계생산성이란 자본량이 동일할 때 노동단위가 추가됨으로써 얻어지는 추가 생산을 말하고, 노동가격은 기업들이 추가로 노동자를 쓰기 위해 지불해야 하는 비용(임금, 사회적 분담금, 상여금 등)을 말한다.

자본의 경우도 마찬가지이다. 자본가격은 기업이 자본 1단위를 추가로 쓰기 위해 지불해야 하는 비용(이자나 배당금 형태로 자본 소유자들에게 지불하는 보수, 자본의 훼손 및 유지비용 등)을 말한다. 따라서 노동가격이 자본가격에 비해 적다면, 노동집약적 재화에 대한 소비자의 수요가 증가할 것이므로 노동집약적 기업은 자본집약적 기업에 비해 보다 수월하게 성장할 것이고 그 반대의 경우도 마찬가지이다. 바꿔 말하면, 시장경제 원리에 따라 사용된 자본량과 노동량, 그리고 특히 생산수준과 고용량은 자본가격과 노동가격에 따라 좌우된다는 말이다. 여기서는 가격이 분배 역할도 하기 때문이다.

자본·노동 간 소득분할과 여기에 가격체계가 작용한다는 관념은 기업들이 주어진 가격에 따라 사용할 자본과 노동의 양을 끊임없이 조절한다는 발상에-따라서 생산요소들의 한계생산성에-초점이 맞춰져 있다. 이 견해는 1870년대 한계효용론자들에 의해 처음 명시적으로 소개된 것으로 데이비드 리카도(David Ricardo)나 칼 마르크스와 같은 19세기 고전 경제학자들의 이론과는 대조를 이룬다. 마르크스를 비롯한 고전 경제학자들은 기술이 고정계수인 상태에서 가용자본 보유고가 전적으로 경제의 생산력과 고용수준을 결정하므로 자본·노동 간 소득분할은 기초적 분배 갈등과 비슷할 것이라고 추론했다. 자본·노동 간 소득분할에 관한 고전이론과 한계효용론 간의 대립은 1950~1960년대 캠브리지 경제학자들의 '두 캠브리지 논쟁'에서 다시 발견된다. 이 논쟁에서 영국 캠브리지 경제학자들은 주로 이 분할의 분배적 측면과 협상력의 역할을 강조한 반면, 메사추세츠 캠브리지 경제학자들은 솔로(R. Solow)의 총생산함수에 ─ 거시경제 차원에서 자본과 노동의 가변적인 결합비율과 대체가능성에 대한 종합적 표현인 ─ 대한 연구와 함께 자본가격과 노동가격의 할당 역할을 강조했다.

'직접적' 재분배인가, '재정적' 재분배인가? 이러한 자본과 노동의 대체는 결과적으로 재분배에 어떤 영향을 미치는가? 기업이 노동자에게 지급하는 임금을 인상함으로써, 즉 노동가격을 올림으로써 자본소득을 노동 쪽으로 재분배하고자 한다면, 이때 기업들과 전체 경제는 더 적은 노동과 더 많은 자본을 이용하게 될 것이고 결국 고용량은 감소하게 될 것이다. 그리고 총소득에서 노동이 차지하는 몫도 처음에 임금인상으로 기대할 수 있었던 것보다 더 적게 증가할 것이다. 중요한 것은 재정적 재분배에서는 이런 일이 일어나지 않을 거라는 사실이다. 만약 기업의 이익에, 즉 기업이 자본가들에게 지불한 자본소득에 과세를 했다면 재정이전이나 세금인하를 통해 기업이 지불한 노동가격을 올리지 않고, 따라서 노동 측에 불리한 자본·노동 간 대체를 작동시키지 않고 노동자들에게 임금인상을 했을 때와 똑같은 재분배가 이루어질 수 있었을 것이다.

이 두 재분배의 핵심적인 차이는 기업들이 재분배에 기여하는 바가 똑같은 방식으로 계산되지 않는다는 점이다. 직접적 재분배는 기업이 고용하는 노동자 수를 통해 재분배에 기여할 것을 요구하지만, 재정적 재분배는 기업의 이익을 통해 기여할 것을 요구한다. 따라서 이 이익을 창출하기 위해 기업이 투자한 자본과 노동이 얼마든 간에 이들의 기여도는 창출된 이익에 따라 달라지게 된다. 이처럼 재정적 재분배는 기업이 지불한 노동가격과 노동자들이 수령한 가격을 분리시켜주고 이 소득을 재분배함으로써 가격체계의 할당 역할을 유지시킨다. 반면 직접적 재분배는 이 두 가격이 같기 때문에 결국 할당의 악영향을 감수하고 이뤄질 수밖에 없다.

이 추론은 재분배의 도구 문제를 그 규모의 문제와 구별하는 것이 유익하다는 걸 보여준다. 예상되는 재분배의 규모가 어떻든 자본과 노동의 대체가능성이 존재하는 시장경제 테두리 안에 위치하는 한 재정적 재분배가 직접적 재분배보다 더 우월한 것이다. 또 이것은 모든 기초적 재분배가 다 비슷한 것은 아니라는 걸 보여준다. 어떤 것들은 고용량을 줄이지 않고도 같은 규모로 노동자들의 생활환경을 개선시켜준다는 의미에서 다른 것들보다 더 효율적이기 때문이다. 이것이 암시하는 주요 메시지는 재분배 효과를 판단하기 위해서는 누가 지불하는지를 지켜보는 것만으로는 안 되며, 거시경제적 관점에서 제안된 재분배의 파급효과도 함께 고려해야 한다는 것이다.

마찬가지로, 조세와 이전지출에 기반을 둔 모든 재분배들도 다 비슷한 것은 아니다. 따라서 실행된 재분배의 효과를 추론하기 위해서는 주어진 조세를 누가 지불하는지를 지켜보는 것만으로는 부족하며 조세의 재정적 파급효과까지 고려해야 한다. 예를 들어, 기업이 노동자들을 위해 지불한 사회적 분담금을 올리는 것은 기업이 임금을 낮춰 분담금의 증가분을 상쇄하지 않는 한 결국 노동가격을 올리는 것으로 귀결된다. 이것은 결국 자본·노동 간 재분배를 무효화시키는 셈이 될 것이다. 반면, 기업의 이윤이나 가계들에게 분배된 이익에 대한 세금을 올린다면 기업 입장에서는 노동가격을 올리지 않아도 되므로 결국 사회적 지출과 이전지출에 보다 효율적으로 출자할 수 있을 것이다. 효율적 재분배의 관점에서 보면 기업들이 지불한 모든 세금이 다 똑같은 효과를 내는 것은 아니다. 따라서 조세의 최종적인 파급효과가 실제로 자본을 압박할 수 있으려면 이용된 자본이나 자본에게 돌아가는 소득에 따라 공제 총액이 달라져야 할 것이다.

이러한 논리는 현대 경제이론의 주요 결과물을 보여준다. 즉, 시장의 비효율성이 아니라 기초적 사회정의에 의해 재분배가 정당화되는 기초적 재분배의 관점에서 본다면, 이 재분배는 가격체계의 조정이 아니라 세금과 재정이전을 통해 실행되어야 한다는 것이다. 이것은 매우 보편적인 생각에 기반하고 있다. 예컨대 가격통제를 도입하는 것보다 극빈자들이 높은 가격에 맞설 수 있도록 해주는 재정이전을 통한 재분배가 더 효율적이라는 것이다. 가격통제는 결국 결핍과 배급을 초래할 것이기 때문이다. 이에 관해서는 근로소득의 불평등과 재분배의 분석에서 다시 살펴볼 것이다(3장).

자본·노동 간 대체탄력성 개념 그럼에도 불구하고, 자본·노동 간 재분배에서 직접적 재분배보다 재정적 재분배가 우월하다는 이 결과의 실효성은 자본·노동 간 대체성의 양적 규모에 달려 있다. 가격체계의 할당 역할이 얼마나 크게 작용하느냐에 따라 달라진다는 말이다. 사실 자본과 노동 사이에 대체가능성이 전혀 없다는 견해를 지지하는 사람은 아무도 없다. 재정적 재분배가 정말로 직접적 재분배보다 우월한 것이 되고, 자본·노동 간 재분배의 도구가 실제로 타당한 사안이 되기 위해서는 거시경제 차원에서 가용 자본과 노동의 결합 비율뿐 아니라 자본가격과 노동가격이 이 결합에 미칠 수 있는 영향을 가늠하는 것이 매우 중요하다. 실제로 자본·노동 간 대체성이 작다면 직접적 재분배는 투명성과 단순성이라는 장점을 십분 발휘할 수 있을 것이다. 만약 사람들이 정당하다고 여기는 소득분할을 기업에게 직접 지시하는 것만으로 만족스런 결과를 얻을 수 있다면, 시장원리가 자본과 노동에 합당한 소득을 결정하도록 내버려두거나 재분배를 위한 복잡한 조세와 이전지출들을 만들 필요가 뭐가 있겠는가?

자본과 노동 사이의 대체성과 가격체계에게 맡겨진 할당 역할의 크기를 측정하기 위해 경제학자들은 자본·노동 간 대체탄력성'이라는 개념을 이용한다. 이것은 자본가격이 노동가격 대비 1% 증가할 때, 기업이 현재 사용 중인 자본량을 노동량에 비해 몇 %나 줄이고자 하는지를 측정하는 것이다. 이 탄력성은 단지 기업들의 개별적인 선택뿐 아니라(노동가격이 오르면 기업은 노동자를 해고할 수 있고 그 반대로도 가능하다), 거시적인 차원에서 이런 개별적 결정들의 총체적 결과를 모두 고려한 것이다. 가령, 노동가격이 오르면 노동집약적 분야는 성장이나 신규 채용이 더 느려질 수 있고 반대의 경우도 가능하다.

탄력성이 높다는 것은 경제 전체로 보아 그럴 필요가 있을 때, 노동으로 자본을 대체하거나 역으로 자본으로 노동을 대체하는 것이 용이하다는 뜻이다. 이런 경우를 일컬어 자본과 노동의 대체가능성이 매우 크다고 말한다. 만약 탄력성이 1보다 크면 임금이 1% 인상될 때 투입된 노동량은 1% 이상 감소하게 되고, 따라서 총소득에서 노동의 몫은 줄어들게 된다. 탄력성이 1이면 두 요소의 대체 결과가 정확히 균형을 이루기 때문에 노동과 자본의 가격이 얼마든 총소득에서 노동이 차지하는 몫은 일정하다. 이것은 콥-더글라스(Cobb-Douglas) 생산함수*의 경우와 정확히 일치한다. 고안자의 이름을 따서 명명된 이 생산함수는 1920년대라는 특수한 상황에서 만들어졌다. 콥과 더글라스는 미국과 오스트레일리아 산업을 토대로 이익과 임금 사이의 분할을 연구한 뒤, 그동안 자신들이 관찰해온 사실들을 정확히 설명할 수 있게 되었노라고 주장했다[사후 출간된 종합평가는 Douglas(1976) 참고]. 1990

년대 관찰된 현상과 연구들이 이 분석을 어느 정도 확증해줄 수 있는지는 뒤에서 보게 될 것이다. 반대로, 탄력성이 1보다 작으면 고정계수인 기술의 경우에 가까워지고 있음을 의미한다. 다시 말해서 '기계당 n명의 노동자'라는 기준에서 멀어질 때, 자본과 노동의 한계생산성은 매우 빨리 감소하므로 노동가격이 올라가면 총소득에서 자본 비중은 감소하고 노동 비중은 증가하게 된다. 극단적인 예로 계수들이 완전히 고정되어 있을 경우 대체탄력성은 0이다. 이 경우에는 '기계당 n명의 노동자'라는 필요 이외에 어떤 가능성도 존재하지 않는다. 그렇게 되면 자본·노동 간 소득분할은 또 다시 고전이론에서 말하는 분할과 분배 갈등이라는 기초적 문제로 되돌아가게 된다.

1890~1990년대 유럽에서 실업으로 인해 촉발된 논쟁들은 자본과 노동의 대체탄력성이 함축하고 있는 정치적 쟁점을 설명해준다. 사실, 많은 연구자들이 1970년대부터 유럽의 실업률이 증가한 것은 노동을 압박하는 공제(특히 각종 사회적 분담금)의 대폭 증가와 자본을 압박하는 공제(기업 이윤세의 감소, 수많은 자본소득에 대한 면세)의 감소에서 기인한다는 점을 지적했었다. 이러한 정책들이 노동비용을 올림으로써 기업들이 더 많은 자본과 더 적은 노

동을 이용하게 되었고―아니면 적어도 기업들이 더 많은 노동을 이용하도록 유도하지 않았거나―노동집약적 분야의 발전에도 불리하게 작용함으로써 결국 실업이 증가하게 되었다는 설명이다. 바로 여기서 노동 측을 압박하는 공제의 일부를 자본 측에 이전해야 한다는 제안들이 나오게 되었다. 예를 들어, 기업들로 하여금 임금총액이 아니라 이익을 토대로 고용자분담금을 지불하게 하거나, 프랑스의 CSG*처럼 노동자분담금의 과세기준을 자본소득으로 확대해서 노동 측의 부담을 덜어주자는 제안들이 그러하다. 이 제안들의 현실적인 타당성 여부는 전적으로 자본·노동 간 대체성의 양적 크기에 달려 있다. 만약 자본·노동 간 대체탄력성이 크다면, 이 제안들은 실제로 고용을 창출하면서 똑같은 사회적 지출에 출자할 수 있게 해주므로 보다 효율적인 재분배를 실현할 수 있을 것이다. 그러나 이 탄력성이 작다면 세제개혁에 초점이 맞춰진 이런 제안들은 그야말로 무용지물일 뿐이다. 그리고 정말로 자본 측에서 더 많이 지불하도록 만들고 싶다면, 사회적 분담금을 대체할 만한 새로운 조세를 만들어내는 대신 임금을 올리면 될 것 아닌가? 고용량은 고정되어 있으므로 임금을 올린다고 해서 고용량이 바뀌진 않을 테니까 말이다.

자본의 공급탄력성 따라서 자본·노동 간 대체탄력성은 자본·노동 간 재분배의 도구를 선택하는 데 결정적인 매개변수가 된다. 그러나 이 매개변수는 노동자들의 관점에서 바람직한 재분배의 규모를 속단할 수 없게 한다. 재정적 재분배의 경우처럼 직접적 재분배에서도 자본·노동 간 재분배가 미래의 자본보유고에 미칠 영향을 고려해야 하기 때문이다. 총소득에서 자본 비중의 감소는 자본 측을 압박하는 세금인상 때문이든 기업들이 지급한 노동가격 인상 때문이든 기업들의 신규투자 능력을 저하시킬 뿐 아니라 자기 자본을 저축하고 이것을 기업에 투자할 만한 재력을 지닌 가계들의 의욕도 떨어뜨릴 수 있다.

실제로 자본·노동 간 재분배가 자본의 저축과 축적에 미치는 부정적 효과는 어느 정도인가? 전통적으로 제기되어 온 극단적 입장은 이 효과가 너무 커서 노동자들은 자본소득을 조금도 축내지 않는 것이 이익이라고 여긴다는 것이다. 왜냐하면 자본·노동 간 재분배는 항상 가용자본량을 줄여서 결국 노동생산성과 임금을, 심지어 재분배를 통한 재정이전으로 증가된 임금까지 줄이는 결과를 초래하기 때문이다[Judd, 1985 ; Lucas, 1990b]. 이 경우, 실용주의적 사회정의 개념은-특히 롤스의 맥시민 원리가 제시하는(서문) 사회정의 개념 – 직접적이든 재정적이든 국가는 자본과 노동에 관한 어떤 재분배도 제시하지 말아야 한다는 결론으로 이끌 것이다. 불평등을 줄이고자 하는 모든 개입은 결국 극빈자들에게 불리한 결과를 초래할 것이므로 정의롭지 못하다는 것이다. 이때 재분배를 위한 공적개입은 분명 근로소득의 불평등에 집중될 것이고 자본·노동 간 불평등 문제는 잊혀질 것이다.

이런 각본은 이론적으로는 가능하지만 이를 입증할 만한 경험적 연구들은 찾아보기가 어렵다. 이러한 부정적 효과를 측정하기 위해 연구자들은 주로 '자본의 공급탄력성'이라는 개념을 이용한다. 투자된 자본수익률이 1% 감소할 때 자본공급, 즉 각 가계가 기업에 투자하기로 한 예금량이 몇 %나 줄어드는지를 측정하는 것이다. 경험적 평가들은 이 탄력성이 대체로 0에 가까울 것이라고 결론짓는다. 더 막대한 저축으로 수익률의 감소를 보상함으로써 미래의 소득을 지키고자 하는 의지가 수익률이 적어지면 저축이나 미래의 소비보다 목전의 소비에 더 끌리게 된다는 사실을 상쇄시키는, 아니 그보다 더 우세한 것처럼 보이기 때문이다. 경제학자들의 용어를 빌면, 소득효과가 현재소비와 미래소비 사이의 대체효과를 상쇄하는 것이다

[Atkinson et Stiglitz, 1980, 3~4장]. 실제로 이자율이 높고 자본소득에 대한 조세가 감소했던 1980~1990년대에 오히려 저축률이 별로 높지 않았다. 자본의 공급탄력성이 전혀 없는 한(혹은 약하거나), 다시 말해서 가용자본 보유고가 재분배의 규모에 좌우되지 않는 한(혹은 거의 좌우되지 않는 한), 재정적 재분배는 가장 폭넓은 자본·노동 간 재분배를 실현할 수 있으며 이는 사회정의가 권장하는 바이기도 하다. 자본·노동 간 대체탄력성이 상당할 경우, 직접적 재분배를 통해 효율적인 재분배를 실현해보려는 야심찬 계획은 성공할 수 없을 것이다. 이 재분배는 쓸데없이 고용량만 감소시킬 것이기 때문이다.

그럼에도 불구하고, 자본의 공급탄력성에 대한 이런 평가들은 재분배로 야기될 수 있는 부정적 효과의 일부만을 측정한 것이다. 왜냐하면 실제로 가계들의 저축에서 직접 유입된 자금은 투자의 일부에 불과하기 때문이다. 더 큰 부분은 주주들이나 채권자들에게 분배되지 않은 기업의 이익에서 유입된다. 왜냐하면 대체로 이런 내부투자가 외부 저축에 호소하는 것보다 부담이 적으면서도 더 효율적이기 때문이다. 따라서 자본의 공급탄력성과 사회정의의 관점에서 최적의 재분배 규모를 총괄적으로 평가하기 위해서는 자본·노동 간 재분배가 기업의 재무구조와 내부 투자 능력에 미치는 영향도 함께 고려해야 할 것이다.

보다 중요한 반론은 자본의 공급탄력성이 정말 작을지라도 저축과 투자가 전 세계적으로 유동적이고 국가마다 최대한 투자를 유치하기 위해 독자적으로 재분배 수준을 결정하는 세계에서는 자본소득 과세가 걸림돌이 될 수 있다는 사실이다. 이 조세경쟁(concurrence fiscale)* 메커니즘은 관련 국가들 전체로 보면 자본의 공급탄력성이 작을지라도 개별적인 각 국가의 자본공급은 매우 탄력적으로 만들어준다. 실제로, 국가 간 공조의 부족은 1980~1990년대 유럽의 모든 국가에서 자본소득 과세가 현저히 경감된 이유를 대부분 설명해준다. 오직 재정연방주의(fédéralisme fiscal)만이, 말하자면 지리적으로나 정치적으로 최대한 광범위한 수준의 자본과세만이 사회정의의 관점에서 최적의 자본·노동 간 재분배를 실현할 수 있게 해줄 것이다.

과연 자본가들과 가격체계가 필요한가? 자본·노동 간 대체탄력성과 자본의 공급탄력성을 정확하게 측정할 수 있다면, 이론상으로는 자본·노동 간 재분배의 도구와 규모를 쉽게 결정할 수 있을 것이다. 그러나 재분배에 관한 이론적·정치적 대립은 이 탄력성을 측정하는 문제로 귀결되지 않는다. 사실, 이 모든 논의의 바탕에는 암묵적으로 시장경제 원리와 가격체계의 할당 역할에 대한 동의가 전제되어 있다. 이것은 특히 자본의 공급탄력성에서 명백히 드러날 뿐 아니라(이런 전제가 없다면 자본 수익이 시원찮을 경우 즉시 저축을 중단하겠다는 자본가들의 협박을 수용할 이유가 없지 않은가?) 자본·노동 간 대체탄력성에서도 중요하다. 자본가격에 비해 노동가격이 증가할 때, 기업들이 더 많은 자본과 더 적은 노동을 이용하는 이유가 뭐겠는가? 만약 그런 전제가 없다면 기업운영위원화와 경계를 늦추지 않는 여론을 등에 업고 기업들에게 해고를 금지시키거나 고용과 사회정의의 집단적 목적에 맞는 개별 행동을 요구하는 것만으로 충분할 것이다. 가격체계의 할당 역할을 인정하는 것과 직접적 재분배보다 재정적 재분배의 우위를 주장하는 것은 복잡한 경제체계 안에서 각 자원들의 할당 방식을 정확히 결정해줄 수 있는 것은 오직 개인 이기주의뿐이라고 말하는 것과 마찬가지다. 그러나 시장체계와 일반적인 사회적 불평등, 특히 자본·노동 간 재분배에 관한 좌파의 전통적인 태도는 바로 이런 운명론에 대한 거부와 보다 연대적인 또 다른 방식의 경제기구에 대한 희망으로 특징지어진다. 이것은 또 사회정의의 특권적 도구인 세제(稅制)에 대한 좌파의 회의적 태도를 유지시키는 원천이기도 하다. 이런 회의적 태도에 관해서는 근로소득의 불평등과 재분배를 다룰 때 다시 보게 될 것이다(3장).

예를 들어, 프랑스의 CSG처럼 1980~1990년대 노동 측을 압박하는 공제의 감소를 목적으로 한 세재개혁안을 추진할 때, 유럽의 좌익과 노조운동 중심부에서는 열의는커녕 노골적인 적의까지 드러내었다. 이것은 자본·노동 간 대체가능성이 거시경제 차원에서 보면 사실상 무시할 만한 것이라는 믿음보다 가격체계와 재정적 재분배의 논리 속으로 들어가는 것에 대한 거부로 설명될 수 있다. 실제로 이 제안들은 다음 생각에 기초하고 있다. 즉 가용 노동량이 매우 크다면, 기업들은 더 적은 자본과 더 많은 노동을 이용하도록 하고 소비자들은 자본집약적 재화보다 노동집약적 재화를 더 많이 소비하도록 장려하는 데 낮은 노동가격과 높은 자본가격이 최악의 방법은 아니라는 것이다. 그 내용을 노동과 자본으로 정확하게 구분하기 어려운 수많은 재화와 서비스를 생산하고 소비하는 경우라 해도 사정은 크게 다르지 않을 것이다. 여기서는 가격이 여러 경제 주체들에게 정보를 전달하는 신호 역할을 할 것이기 때문이다. 이 정보는 누구나 인정하는 중앙집권적 계획경제의 실패가 보여주듯, 가격이 없다면 효율적으로 전달하기가 어려운 것이다. 그러나 이 문제는 너무 복잡해서 이러한 논리가 항상 만장일치의 합의를 끌어내는 건 아니며 운명론적으로 개인 이기주의를 수용하는 것은 매우 유감스런 일이다.

따라서 가격체계, 개인 이기주의, 또 다른 방식의 경제 기구에 관한 논쟁은 – 여기에는 과거에 관찰된 현상들로는 결코 완벽하게 해결할 수 없는 의문과 희망들이 연루되어 있다 – 대체로 자본의 공급탄력성과 자본·노동 간 대체탄력성의 경험적 평가와는 다른 차원, 즉 자본과 노동의 소득분할에 관한 고전이론과 한계효용론 간 논쟁과는 다른 차원에 위치한다고 볼 수 있다. 그러나 이 두 논쟁이 항상 완전히 별개인 것은 아니다. 사실, 자본·노동 간 대체탄력성이 작을 경우 가격체계의 유용성은 떨어진다. 만약 자본주의적 생산방식이 단지 자본과 노동의 고정된 양을 짝맞추기 하는 것, 이를테면 기계 1대당 몇 명의 노동자를 쓸 것인지 결정하는 것에 불과하다면, 기계 소유자가 무슨 필요가 있겠는가? 이 기계가 십일조를 떼어갈 수 있게만 한다면 생산수단을 공유화하고 그 소유자를 없애 버려도 될 것이다. 저축에 관해서도 문제될 게 없다. 국민소득에서 넉넉히 공제한 자금으로 기계보유고를 높이고 필요한 노동자들을 정해진 수대로 짝을 맞춰주면 될 테니까 말이다. 여기서 자본가들은 전혀 필요하지 않다. 이것은 칼 마르크스가 자본주의 생산방식의 가공할 만한 단순성을 관찰한 뒤 내렸던 결론이기도 하다. 반대로, 한계효용론을 지지하는 경제학자들처럼 자본과 노동의 대체가능성을 주장하는 것은 현대 경제의 복잡성을 강조하게 되고 결국 누군가에 의해 행해져야 하는 선택의 문제로 귀결된다. 바로 이것이 가격체계와 사적소유의 정당성을 수용하게 만드는 것이다. 이것 외에 이 복잡한 배분의 문제를 해결할 만한 다른 체계가 없기 때문이다. 이런 이유로 자본과 노동의 대체성에 관한 논쟁은 1870~1880년대 칼 마르크스와 한계효용론자들의 논쟁이든 1950~1960년대 두 캠브리지 논쟁이든, 자본주의와 가격체계의 정당성에 초점이 맞춰진 보다 일반적인 논쟁 형태를 띠었다.

여러 논쟁들 간에 혼동이 발생하는 것은 이해할 수 있지만 그럼에도 불구하고 이 혼동은 결코 유익하지 않다. 설령 가격체계가 생산할 재화와 서비스를 결정하는 데 유용한 역할을 할 수 있다 해도 – 거시적인 차원에서 자본 · 노동 간 대체성이 미미한 모든 경우를 포함해서 – 이것 때문에 가격체계의 정당성이 자본 · 노동 간 대체의 문제로 귀착될 수는 없다. 역으로, 자본 · 노동 간 대체의 문제는 자본 · 노동 간 재분배의 규모를 속단하지 않는다. 우리가 시장경제의 테두리 안에 놓이는 순간부터, 자본 · 노동 간 소득분할 논쟁(고전이론, 한계효용론)의 진정한 쟁점은 직접적 재분배와 재정적 재분배 간의 대립인 것이다.

단기적 이론과 장기적 이론 사이의 타협?

지금까지 관찰된 사실들과 자본 · 노동 간 소득분할의 역사가 고전이론과 한계효용론 간의 논쟁을 진전시킬 수 있을까?

국민소득의 이론적 개념들로부터 – 이익과 임금, 자본과 노동 – 국민경제회계의 통계자료에서 마주치게 되는 경험적 개념들로 이행하는 것이 항상 쉬운 것만은 아니다('자본의 비중 측정' 참고, p.84). 그러나 일단 이 고비를 넘기고 나면 놀라운 경험적 규칙성을 발견하게 된다. 이미 1930년대에 케인즈(Keynes)는 이것을 경제학 전체를 통틀어 가장 잘 확립된 규칙성으로 간주했다.

실제로 〈표8〉은 특히 사회분야에서 매우 상이한 역사를 지닌 3개국의 이익과 임금 비중이 무려 75년 동안 거의 일정하게 유지되고 있음을 보여준다. 임금 비중이 결코 60% 이하로 내려가거나 71% 이상 오르지 않고 대개 66~68% 근처에 머물고 있기 때문이다. 여기서 시간의 경과에 따라 임금 비중이 증가하거나 감소하는 일관된 경향을 읽어내는 것은 불가능하다. 다만 이익과 임금의 분배는 항상 소득의 1/3은 자본 측에, 2/3는 노동 측에 할당되어 있는 것처럼 보인다.

가계소득에서 부가가치의 분할 우선, 자본과 노동의 1/3 : 2/3라는 소득 분배와 1장에서 기술한 가계소득 분배 사이의 관련성을 명확히 짚고 넘어가자. 〈표8〉은 자본과 노동 사이의 본원소득(revenu primaire)* 분배를 나타낸다. 여기에는 모든 임금과 보수 총액(기업이 노동자들을 위해 지불한 사회적 분담금 포함), 총이익 혹은 경영 순이익, 즉 노동자들의 몫을 지불하고 난 뒤 기업에게 남은 모든 것이 포함된다('자본의 비중 측정' 참고, p.84). 이렇게 되면 각 가계가 수령한 실질가처분소득의 분배와의 관

표8 미국, 프랑스, 영국의 자본/노동 간 기업 부가가치의 분할(1920~1995)

	미국		프랑스		영국	
연도	자본	노동	자본	노동	자본	노동
1920	35.2	64.8	33.7	66.3	38.1	61.9
1925	35.1	64.9	34.9	65.1	38.1	61.9
1930	37.9	62.1	32.5	67.5	38.1	61.9
1935	32.9	67.1	30.5	69.5	35.8	64.2
1940	36.9	63.1	31.3	68.7	36.3	63.7
1945	30.9	69.1				
1950	34.9	65.1	37.8	62.2	33.2	66.8
1955	34.9	65.1	34.1	65.9	32.5	67.5
1960	32.9	67.1	34.4	65.6	31.2	68.8
1965	35.9	64.1	32.4	67.6	32.5	67.5
1970	30.9	69.1	33.6	66.4	32.4	67.6
1975	30.9	69.1	29.7	70.3	28.3	71.7
1980	33.9	66.1	28.3	71.7	29.2	70.8
1985	34.0	66.0	32.0	68.0	32.2	67.8
1990	33.8	66.2	37.6	62.4	28.2	71.8
1995	33.5	66.5	39.7	60.3	31.5	68.5

출처 1980~1995년 OECD(1996, p.A27)/1920~1975년 미국 Atkinson(1983, p.202), Duménil et Lévy(1996, 통계부록)/프랑스 INSEE(1994, p.84~153)(cse, ebe, idve, mse를 기초로 계산)/영국 Atkinson(1983, p.201)

주석 '자본의 비중 측정' 참고(p.84)

계가 복잡해진다. 가령, 〈표8〉의 '노동'란에 기재된 합계의 주요 부분은 사실상 〈표1〉의 가계 가처분소득에서 퇴직연금과 사회이전의 형태로 재등장하는 사회적 분담금이기 때문이다. 다음으로, 기업의 모든 이익이 이 기업의 주식과 채권을 보유하고 있는 자본가들에게 전부 다 분배되는 건 아니라는 사실이다. 기업들은 대개 자본가치의 하락(평균적으로 부가가치의 약 10%)을 상쇄하고 외부 자본의 도움을 빌지 않고 재투자하기 위해 흔히 총이익의 절반 이상을 보존한다.

또 기업들이 주주들에게 수익을 분배하기 전에 이 수익을 근거로 지불한 세금도 고려해야 한다. 그러나 이 세금의 규모는 제한적이다. 대부분 서방국가들의 수익세율이 40~50%가량 된다 해도 일반적으로 그 세수는 국내총생산(PIB)의 2.5~3%를 넘지 않는다. 심지어 1990년대에 프랑스는 부가가치에서 자본 비중이 다른 국가들보다 높았음에도 불구하고 이 수치가 국내총생산의 1.5%까지 떨어진다![OCDE, 1995, p.78] 이것은 과세 가능한 수익의 개념이 경영 순이익의 개념보다 훨씬 제한적이기 때문이었다. 다시 말해서, 과세 가능한 수익을 계산하기 전에 기업들이 자본보유고의 가치하락으로 인한 손실뿐 아니라 채권자들에게 지불한 이자, 장차 직면할지도 모르는 위험에 대비한 준비금 등을 미리 공제할 수 있기 때문이다. 근원을 따져보면 이것은 오늘날 조세체계에서 가장 '허술한' 과세기준과 관련되어 있으며, 각종 면세와 감면 혜택을 받고 있는 가계들의 자본소득 과세기준과 쌍벽을 이룬다고 할 수 있다.

마지막으로 고려해야 할 것은 〈표1〉의 '임금'란에 기재된 가계 임금의 상당 부분은 사실상 자본 총소득이나(수익세*) 기업의 총부가가치에서 나온 소득을 가지고 공공행정에 의해 지불된다는 사실이다. 이것은 기업 부가가치의 자본·노동 간 분할과 비교했을 때, 가계소득에서 자본소득 대비 임금 비중을 상대적으로 증가시킨다. 이 모든 요인들로 인해 기업 부가가치에서 총이익은 32~34%를 차지하지만 가계 총소득에서 자본소득은 약 10%로 떨어지게 된다(1장).

이익 비중의 규칙성이 주는 교훈 다시 〈표8〉로 돌아가보자. 여기 나타난 이익 비중의 규칙성을 시간과 공간 속에서 어떻게 설명할 것인가? 이 규칙성에서 도출할 수 있는 첫 번째 교훈은 20세기에 노동자들의 구매력이 대폭 상승한 원인을 결코 자본·노동 간 재분배에서 찾아서는 안 된다는 것이다. 1920~1990년 사이에 프랑스 노동자들의 구매력을 4배가량 증가시켜준 것은 사회투쟁과 자본가들이 가로챈 소득의 비중이 감소했기 때문이 아니다(표 6). 왜냐하면 기업의 부가가치에서 임금이 차지하는 비중은 1920년이나 1990년이나 똑같이 국민소득의 약 2/3를 차지하고 있기 때문이다(표8). 게다가 1869년 것까지 신뢰할 만한 미국의 통계자료에 따르면 – 프랑스의 경우, 세계대전과 전문용어의 변화로 1920년 이전에 집계된 이익과 임금의 소득분할 통계는 완전한 재구축이 어렵다 – 이미 19세기부터 임금 비중이 66~68% 사이에서 유지되고 있음을 알 수 있다[Duménil et Lévy, 1996, 15장]. 다시 말해서, 이익과 임금의 소득분할은 120년이 넘게 거의 일정한 반면 임금은 10배 이상 증가한 것이다!

확실히, 각 시점에서 부가가치의 1/3이 자본의 몫으로 돌아갔다는 사실은 결코 무시할 만한 것이 아니다. 이 소득이 온전히 노동 측에 분배되었다면(자본 가치의 하락분을 포함) 노동자들의 임금이 50%가량 증가했을 것이기 때문이다. 이러한 증가는 수많은 자본가들이 누리는 풍요에 비해 비참한 수준이었던 1870년도 노동자들의 – 아니, 1990년도 노동자들까지도 – 생활환경이 상당히 개선될 수도 있었음을 뜻한다. 그러나 동시에, 50% 증가라는 수치는 1870~1910년의 실제 임금인상보다는 2배가 적고, 1950~1990년의 실제 임금인상보다는 4배가 적은 것임을 인정해야 한다(표6). 게다가 1870~1910년의 100%, 1950~1990년의 200% 이상의 임금인상은 1870년이나 1950년에 자본 비중이 0이 되었을 때나 가능했을 법한 일이다. 비록 이에 관한 우리의 지식이 제한되어 있을지라도, 이런 재분배 수준에서는 자본공급이 뜸해졌으리라는 것을 짐작할 수 있다. 따라서 실제로 실시된 재분배보다 규모는 더 컸을지 몰라도 노동자들 입장에서 볼 때 최적의 자본·노동 간 재분배는 훨씬 더 축소되었을 것이다.

누가 사회적 분담금을 지불하는가? 〈표8〉에서 도출할 수 있는 두 번째 교훈은 재정귀착(incidence fiscale)에 관한 것이다. 사실, 1920~1930년 사이에 프랑스에서 기업이 지불한 사회적 분담금은 무시할 만한 양이었다. 그러나 1990년대에는 명목임금의 20% 이상을 차지하는 노동자분담금은 차치하고라도 고용자분담금이 명목임금의 약 45%를 차지하고 있다('자본의 비중 측정' 참고, p.84). 이

자본의 비중 측정

이익의 몫과 임금의 몫은 어떻게 측정되는가? 기업의 매상고는 소비자들이나 다른 기업들에게 항상 다음 세 가지 유형의 비용으로 지불된다.

• 중간재 비용 중간재란 기업이 자신의 재화와 서비스를 생산하기 위해 또 다른 기업들로부터 구입하는 재화와 서비스를 말한다. 이것은 기계나 장비와는 대조를 이룬다. 기계나 장비는 중간재와 똑같이 기업의 자본을 구성하지만 매년 갱신되지는 않기 때문이다.

• 임금노동자들의 보수 여기에는 노동자들이 실제로 수령한 임금, 노동자 측 사회보장분담금(이것은 노동자의 급여에서 직접 공제되며 임금과 사회보장분담금을 합한 것이 명목임금이다), 그리고 고용자들이 부담해야 할 고용자 측 사회보장분담금이 포함된다. 이 전체가 노동으로 인한 총소득, 근로소득에 해당한다.

- EBE 위의 두 비용을 지불하고 남은 매상고가 경영순이익(EBE)이다. 이것은 대체로 엄밀한 의미의 기업이윤보다 훨씬 더 높다. EBE에는 주주들의 배당금뿐 아니라 부채이자, 소득세 및 마모된 기계와 장비의 교체 비용, 즉 자본의 가치하락 비용(감가상각비)까지 기업이 지불해야 할 모든 비용이 포함되어 있기 때문이다. 이 전체가 자본으로 인한 총소득, 자본소득에 해당한다.

기업의 부가가치는 총 매출액에서 중간재 비용을 제한 나머지를 말한다. 따라서 이것은 근로소득과 자본소득의 합계인 셈이다. 이익의 몫과 임금의 몫을 계산하는 것은 실상 자본소득과 근로소득의 부가가치 비율을 따지는 것으로 말하자면 중간재 소비의 몫을 누락시키는 것이다. 그러나 다른 기업으로부터 구입한 중간재 비용은 그 자체가 이 기업의 자본과 노동에 대한 보수의 지급이므로 이 누락은 완전히 정당한 것이다. 중복 계산을 피하는 것은 당연하다.

자본 측(수익세*)이나 노동 측(사회적 분담금)을 직접 압박하는 조세 이외에 - 이 조세는 이미 자본소득이나 근로소득에 포함되어 있다 - 기업들은 VAT처럼 소위 간접세로 분류되는 또 다른 세금들을 내야 한다. 기업들이 지불해야 할 간접세의 총액은 자본과 노동이 부가가치를 분할하는 방식과는 다르기 때문에 이것을 자본 총소득이나 노동 총소득에 전가할 수는 없다. 이익과 임금의 몫을 계산할 때도 이 간접세를 빼는 것은 관례이다. 말하자면 자본과 노동의 소득 비중을 간접세가 포함되지 않은 부가가치, 즉 요소비용*으로 계산하는 것이다. 그 결과 부가가치에서 자본의 몫과 노동의 몫의 합계는 〈표8〉과 〈표9〉에서처럼 정확히 100%가 된다. 그 이유는 비교적 쉽게 이해할 수 있다. 간접세는 자본과 노동의 소득분할로부터 직접적인 영향을 받기 않기 때문이다.

마지막으로, 계산을 복잡하게 하는 또 하나의 원인은 바로 개인 기업(농민, 상인, 자유직종 등)을 취급하는 방식이다. 이 기업들의 부가가치는 자영업자들의 노동과 이들이 투자한 자본을 동시에 보상하는 것으로 임금과 이익의 개념이 명확히 구분되지 않기 때문이다. 개인 기업들에 대한 계산을 전적으로 수정하지 않는다면, 19세기 이후 노동자들의 비율이 크게 증가했다는 이유만으로 총부가가치에서 임금 비중이 엄청나게 증가했던 사례와 같은 현상을 겪게 될 것이다[Morrisson, 1996, p.78]. OECD 회계규약에 따르면 기업의 임금노동자들과 똑같이 자영업자들에게도 평균 근로소득을 부여하도록 되어 있다. 〈표8〉과 〈표9〉의 모든 수치는 바로 이 규약을 근거로 조정된 것이다.

고용자분담금은 누가 지불했는가? 1920~1995년 사이에 부가가치에서 근로소득 비중이—여기에는 노동자들이 지불한 모든 사회적 분담금이 포함되어 있다—증가하지 않은 것을 보면 고용자들이 아닌 것은 확실하다. 또 1990년대 프랑스의 고용자분담금은 미국이나 영국보다 훨씬 높지만 부가가치에서 근로소득이 차지하는 비중은 오히려 이 두 나라가 프랑스보다 높다(표8). 영국과 마찬가지로 미국도 명목임금에 적용할 수 있는 최대 고용자분담금율은 사실상 10%에 불과했고(미국 7.65%, 영국 10.2%), 여기에 같은 비율의 노동자분담금을 덧붙여야 한다. 또 미국의 사회적 분담금(고용자와 노동자의) 총 징수액은 PIB의 6~7%를 차지하는 반면 프랑스는 거의 20%에 달한다 [OCDE, 1995, p.79]. 따라서 만약 고용자분담금을 고용자들이 지불한다면, 프랑스의 경우 부가가치에서 노동이 차지하는 몫은 앵글로색슨계 국가들보다 최소한 PIB의 10% 이상 높아질 것이다.

그러므로 분명한 것은 사회적 분담금을 지불하는 건 자본소득이 아니라는 점이다. 여기에는 매우 중요한 사실이 함축되어 있다. 즉 오늘날 재분배의 핵심을 이루고 있고(프랑스의 경우, 1995년을 기준으로 했을 때, 수익세는

PIB의 1.5%인 반면 사회적 분담금은 거의 20%에 이른다). 자본가와 노동자가 사회적 지출을 분담한다는 사고를 바탕으로 한 오늘날 사회보장체계들이 사실상 자본을 노동 측에 재분배하는 데 전혀 기여하지 못했음을 의미하는 것이다. 오히려 사회적 지출을 완전히 흡수해버린 것은 바로 근로소득이었다. 이것은 이러한 체계들의 불확실한 정당성을 다시 문제 삼으려는 게 아니다. 왜냐하면 이러한 사회보장체계는 근로소득 내부에 강도 높은 재분배를 허용해주고 종종 민간시장들이 제대로 수행할 수 없는 보증기능을 담당해주기 때문이다(4장). 이것은 이 체계의 확립을 주도했던 자본·노동 간 소득분할에 함축되어 있는 관점에 대한 심각한 재검토를 요구하는 것이다. 이 관점은 자본·노동 간 소득분할에 관한 고전이론과 매우 흡사하다. 이 이론에 따르면 가령 노동자분담금율보다 더 높은 고용자분담금율의 도움으로 협상을 통해 더 나은 분할을 얻어낼 수 있다는 것이다.

사실, 모든 것은 재정귀착 이론(théorie de l'incidence fiscale)의 예측대로 유일한 관건은 조세가 어떤 조건에서 이루어지게 되어 있는지를 아는 것임을 지적해주는 것처럼 보인다. 다시 말해서, 문제의 핵심은 조세의 명칭이 무엇인지, 공식적으로 누가 이것을 지불하는지, 즉 누가 관계당국에 해당 수표를 끊어주는지를 아는 것이 아니라, 조세 총액이 임금이나 이익에 따라 어떻게 달라지는지를 아는 것이라는 말이다. 사회보장 재원이 사회적 분담금과 마찬가지로 고용자분담금이나 노동자분담금이 아니라 임금을 압박하는 소득세를 통해 확보되는지 여부를 아는 것은 별로 중요하지 않다. 덴마크 경우가 바로 그러하다. 여기서는 어떤 사회적 분담금도 없으며 인심 좋은 사회보장을 위한 재원은 전적으로 소득세를 통해 조달된다(자본소득의 크기가 제한되어 있기 때문에 결국 이 세금은 항상 임금과 사회적 소득에 부과된다. 당연히, 기업의 부가가치에서 근로소득이 차지하는 비중은 다른 국가들과 똑같다[OCDE, 1996, p. A27]. 덴마크 기업들도 노동자들을 위해 프랑스 기업들만큼의 비용을 지출한다는 말이다. 단지 사회적 분담금을 내지 않고 모든 것을 임금 형태로 지불할 뿐이다. 그리고 곧이어 이 기업들의 소득세를 내는 것은 바로 이 임금노동자들이다. 일반적으로, 유럽 사회보장체계의 재원에서 사회적 분담금이 차지하는 비중은 덴마크와 프랑스라는 두 극단을 축으로 그 사이에 위치한 국가들마다 변동 폭이 매우 크다. 그러나 기업의 부가가치에서 노동이 차지하는 비중은 어디서나 놀랄 정도로 똑같다는 것을 알 수 있다. 유일한 변수는 소득세와 관계되든 사회적 분담금과 관계되든, 지불해야 할 조세율이 임금 수준에 따라(즉 조세의 누진과세에 따라) 달라지는지, 그리고 이 조세가 자본소득 수준에 따라 달라지는지의 여부를 아는 것이다. 무엇보다 오직 자본을 압박하는 조세만이 자본과 노동의 진정한 재분배를 실현시킬 수 있을 것이다.

콥-더글라스 생산함수? 이상의 교훈들이 도출되었다면, 이익 비중의 규칙성은 어떻게 설명할 것인가? 경제학자들의 전통적인 해석은 지난 세기 서방 자본주의 경제가 거시적인 콥-더글라스 생산함수에 의해, 즉 자본·노동 간 대체탄력성 1이라는 함수관계를 통해 매우 합리적으로 설명된다는 것이다. 실제로, 자본·노동 간 대체에서 오직 단위탄력성만이 자본과 노동의 양이나 가격 변동에 따른 정치적·경제적 타격에 상관없이 시간이 흘러도 이익과 임금의 비중은 일정할 것이라는 예측을 보장해준다. 또한 이것은 사회적 분담금을 통해 관찰된 재정 귀착도-노동 측에 확정되어 결국 노동가격을 올리는 조세-설명해 줄 수 있을 것이다.

비록 기술이 고정계수로 특징지어진다 해도, 어느 국가나 사회정치적 갈등은 항상 받아들일 만한 소득분할(임금 2/3, 이익 1/3)에 집중되어 있음을 짐작할 수 있다. 솔로 자신이 그렇게 기술했듯, 이 비율의 일정함에 놀라기에 앞서 당연히 예상되는 변동 폭을 명확히 밝혀야 할 것이다[Solow, 1958]. 그럼에도 불구하고 미시경제 차원에서, 말하자면 개인 기업들 차원에서 노동가격 변동에 따른 기업의 고용수준 변화를 분석한 연구들은 자본과 노동 간에 상당한 대체성이 존재한다는 것을 입증해준다. 하머매쉬(Hammermesh)[1986 ; 1993]는 장기간에 걸쳐 서방 국가 전체를 대상으로 조사한 결과들을 비교·분석한 뒤, 노동의 수요탄력성에 대한 대부분의 평가가 0.7~1.1인 자본·노동 간 대체탄력성과 일치한다는 사실을 확인하고 '콥-더글라스 생산함수는 비교적 양호한 현실의 근사치처럼 보인다'라고 결론지었다[1986, p.451~452, 467]. 또 1970년대 이후 서방 세계에 나타난 대조적인 고용 현상도 자본과 노동 간에 상당한 대체성이 있음을 암시해준다. 따라서 지금까지 관찰된 사실들로 미루어볼 때, 자본·노동 간 소득분할에 대한 한계효용론의 주장은 타당하며 결과적으로 직접적 재분배보다 재정적 재분배가 우월함을 확증해주는 것처럼 보인다.

역사적 시간 대(對) 정치적 시간? 그러나 이 역사적 규칙성의 한계를 과소평가해서는 안 될 것이다. 실제로 장기적으로 볼 때는 놀라운 결과를 보여주는 이익 비중의 규칙성이 단기간에는 유효하지 않으며 당사자들 입장에선 아주 멀게만 느껴지는 중장기간에서만 발견되는 경우가 많다. 〈표9〉의 1979~1995년까지 OECD국가들의 이익 비중과 임금 비중의 추이를 살펴보자.

〈표9〉는 이익과 임금 간 분할의 극심한 변화를 보여준다. 1970년대는 이익은 낮아지고 임금은 가파른 속도로 증가함으로써 임금 비중이 상승 추세를 보이는 반면, 1890~1990년대에는 반대로 이익 비중이 상승하며 가끔 대폭 상승하기도 한다. 이런 변동을 가장 극명하게 보여주는 국가는 바로 프랑스이다. 1970년에 66.4%였던 프랑스의 임금 비중은 1981년 71.8%까지 꾸준히 증가한다. 그리고 1982~1983년부터 점점 낮아지기 시작해 1990년 62.4%, 1995년에는 60.3%로 떨어진다. 그렇다면 1970~1982년까지 국민소득의 5% 이상이 자본 측에서 노

표9 OECD 내 기업 부가가치에서 자본의 비중(1979~1995)

연도	독일	미국	프랑스	이탈리아	영국	OECD
1979	30.5	35.0	30.0	35.5	31.3	32.8
1980	28.5	33.9	28.3	36.0	29.2	32.2
1981	28.2	34.5	28.2	35.3	28.9	32.1
1982	28.6	33.6	28.5	35.4	30.7	31.8
1983	30.8	33.3	29.2	34.5	32.3	32.2
1984	31.8	34.0	30.7	36.4	31.9	33.2
1985	32.4	34.0	32.0	36.6	32.2	33.7
1986	33.1	34.0	34.9	38.6	31.0	34.1
1987	32.7	33.2	35.5	38.4	31.4	33.8
1988	33.8	33.1	36.9	38.8	30.9	34.2
1989	34.6	34.4	38.1	38.3	29.6	34.9
1990	35.6	33.8	37.6	37.3	28.2	34.5
1991	34.0	33.3	37.9	36.6	26.8	33.9
1992	33.3	33.6	38.2	36.6	27.7	34.0
1993	33.4	33.6	37.8	36.9	29.9	34.2
1994	35.0	33.8	39.4	39.8	31.0	34.8
1995	36.0	33.5	39.7	42.5	31.5	35.0

출처 OCDE(1996, p.A27)

주석 '자본의 비중 측정' 참고(p.84)

동 측으로 재분배되었고, 이후 1983~1995년까지 국민소득의 10% 이상이 노동 측에서 자본 측으로 재분배되었다는 이 사실을 어떻게 설명할 것인가?

첫 번째 시기는 1968년 그르넬(Grenelle) 협정*으로 인해 엄청난 임금인상이 이루어졌던 시기와 정확히 일치한다. 이 추세는 사회운동과 1970년대 최저임금의 대폭 인상과 함께 지속되다가 1981년 SMIC의 '도움'으로 정점을 찍는다. 반면 1983년부터 시작되는 두 번째 시기는 긴축정책에 의한 임금인하, 물가연동제*의 종료, SMIC의 최저인상으로 특징지어진다. 실제로, 1968~1983년에는 실질 평균임금의 구매력이 53% 증가했으나 1983~1995년에는 단지 8%만 증가했을 뿐이다[INSEE, 1996a, p.48]. PIB도 1970~1983년에는 44%가 증가했으나 1983~1995년에는 28%밖에 증가하지 않았다[INSEE, 1996c, p.34]. 이 증가는 분명 늘어나는 퇴직연금과 보건위생비의 재원으로 사용되었을 것이다. 그럼에도 불구하고 국민소득의 증가보다 임금 증가를 멈추는 데 드는 비용이 훨씬 현실적이었다. 바꿔 말하면, 25년 동안 모든 상황은 자본·노동 간 소득분할에 대한 고전이론의 예측대로 움직여온 셈이다. 이익의 비중은 사회투쟁으로 임금이 대폭 인상될 때는 감소하고 노동자들에게 별다른 고용창출을 약속하지 않고 긴축만을 강요할 때는 증가한다.

이처럼 25년에 걸친 극심한 변동도 결코 다음 사실을 바꾸지는 못한다. 즉, 50년이나 100년이라는 장기간에서 볼 때 임금은 항상 기업 부가가치의 대략 2/3를 차지했으며, 따라서 1950년 이후 250%, 1870년 이후 700%라는 노동자들의 구매력 증가의 원인을 결코 자본·노동 간 소득분할에서 찾아서는 안 된다는 사실이다. 그러나 이 25년이라는 시기를 살았던 노동자들에게 이것은 어떤 의미가 있을까? 이들의 생활수준은 1968~1982년까지는 크게 발전했으나 그 이후 1983~1995년에는 비교적 답보상태였다. 반면 생산된 부는 계속 증가했고 1990년대 말의 결정적인 반전을 예고하는 것은 아무것도 없어 보였다. 이런 상황에서 어떻게 이 노동자들이 자신들의 생활수준 향상과 자본·노동 간 재분배를 결부시키지 않을 수 있었겠는가? 우파는 자본·노동 간 재분배가 아니라 오직 경제성장만이 진실로 노동자들의 생활수준을 향상시켜줄 수 있다고 주장한다(서문). 그러나 이것은 해당 노동자들이 관련되어 있는 정치적 시점에서는 아무 의미도 없는 장기간의 역사에서만 유효한 주장일 뿐이다.

3분배가 아닌 직접적 재분배와 결부시킬 수밖에 없었을 것이다. 실제로, 역사상 어떠한 재정적 재분배도 그토록 단기간에 국민소득의 10%를 재분배한 적은 단 한 번도 없었다. 프랑스를 예로 들어 대략적인 크기를 짐작해보자. 1981년 프랑스에 사회당 정권이 들어섰을 때, 정부에서 결정한 재정적 재분배의 규모는 100억 프랑이 되지 않았다[Nizet, 1990, p.402, 433]. 그럼에도 불구하고, 당시 우익은 이를 '세금폭격(matraquage fiscal)'의 절정으로 규정하고 부유세 와 누진소득세의 도입을 맹렬히 규탄했다. 그러나 실제로 이 액수는 당시 국민소득의 0.3%에 불과했다! 이론상으로는 정부가 세금과 재정이전을 통해 보다 큰 폭의 재분배를 실시하는 것을 가로막는 것은 아무것도 없다. 그러나 단기간에는 결코 가시적인 효과가 나타나지 않는다는 것이 문제이다. 따라서 이 재분배가 세제개혁과 재정이전이 아니라 먼저 사회투쟁과 임금인상의 관점에서 생각되고 체험되는 것은 불가피한 일이다. 좌파가 과세에 회의적 태도를 보이는 것은 재정적 재분배 논리와 가격체계에 대한 거부 때문이기도 하지만 어쩌면 이러한 역사적 현실이 더 크게 작용하는지도 모른다. 근로소득의 불평등 문제를 다룰 때 이와 똑같은 현실과 이와 똑같은 역사적 시간과 정치적 시간의 대립을 다시 보게 될 것이다(3장).

그러나 조사기간을 10~15년으로 잡는다면, 비록 1970~1990년 사이에 프랑스 역사의 사회정치적 특수성이 유난히 극적인 것이었을지라도 이런 유형의 자본·노동 간 소득분할 변화가 역사적으로 유일무이한 것은 아니다. 예를 들어, 미국의 경우 기업 부가가치에서 임금 비중이 1869~1880년에 약 65%에서 55%로 감소했다가 1885년에 재빨리 65%를 회복한 뒤 1890년에는 66~68%가 되었다. 평균임금의 경우 1869~1880년에는 겨우 2%밖에 증가하지 않았으나 그 이후 대규모 파업과 왕성한 노조운동으로 특징지어지는 1880~1885년에는 27%가 넘게 증가했다[Duméil et Lévy, 1996, 16장]. 따라서 10~15년에 걸쳐 볼 때, 자본·노동 간 소득분할에 대한 한계효용론적 견해는 사회현실에 비추어 볼 때 터무니없는 것일 수도 있다. 이것은 또 재정귀착 문제에도 적용된다. 단기적으로 볼 때 고용자분담금은 곧바로 임금 삭감으로 흡수되지 않고 실제로 고용자들에 의해 지불되기 때문이다. 바로 이런 현실이 불가피하게 일반 대중들의 재정귀착을 바라보는 시각을 만드는 것이다. 앞서 확인한 바와 같이, 장기적으로 볼 때는 이 분담금들을 언제나 노동 측에서 지불했음이 명백할지라도 말이다.

왜 미국과 영국에서는 이익 비중이 증가하지 않았을까?

그럼에도 불구하고, 1970~1990년대 자본·노동 간 소득분할의 역사를 돌이켜보면 모든 것이 그렇게 단순하지만은 않다. 사실 프랑스의 사례는 이탈리아에서도 발견되고(여기서는 이익 비중이 1983년 34.5%에서 1995년 42.5%로 증가했다), 비율은 약간 줄었지만 독일에서도 발견된다(여기서는 이익 비중이 1981년 28.2%에서 1995년 36%로 증가했다). 그런데 1980~1990년 사이에 오직 미국과 영국만 이익 비중의 일반적 증가 추세에서 완전히 제외된 것처럼 보인다. 이것은 매우 주목할 만한 사실이다. 미국의 기업 부가가치에서 임금비중은 1980~1990년 내내 66~67%로 안정되어 있으며 영국의 경우도 대략 68~71%에 머물러 있다(표9). 국가별로 회계 관례가 다르기 때문에 어떤 한 지점에서 국가 간 이익 비중을 비교하기란 어렵지만 국가 간 변화에 차이가 있는 것만은 확실하다. 자본 비중이 프랑스, 이탈리아, 독일에서는 부가가치의 10% 가량 증가한 반면, 미국과 영국에서는 전혀 증가하지 않았다. 따라서 앞서 살펴본 임금불평등과는 달리―여기서는 1970년대 이후 미국과 영국에서 불평등이 매우 심하게 증가했다(1장)―1980~1990년대 급진자유주의에 매료되었던 국가들만이 유일하게 이익 비중이 증가하지 않았음을 확인할 수 있다. 이 사실은 또 어떻게 설명할 것인가?

그 대답 중 하나는 이론의 여지없이 단순한 캐치업(ratt rapage) 현상이다. 1970년대에 프랑스의 이익 비중은 급속한 임금인상으로 부가가치의 5~6%가량이 감소했으나 이와 똑같은 현상이 영국에서는 훨씬 미미했고 미국에서는 전혀 나타나지 않았다는 것이다(표8). 그렇다 해도 이것으로 모든 것이 설명되지는 않는다. 프랑스에서는 이익 비중이 1985~1986년부터 1970년도 수준을 회복한 뒤 계속 증가한 반면, 미국과 영국에서는 안정 상태를 유지했기 때문이다.

이 사실은 이 기간 동안 미국과 영국은 유일하게 고용을 창출했고 이로써 이 국가들의 임금총액은 증가되었으나 다른 국가들의 임금총액은 정체되어 있었다는 사실과 비교해봐야 한다. 1983~1996년에 미국에서는 2,500만 개 이상의 일자리가 창출되었는데 이는 총고용수의 약 25%(10,080만 개에서 12,640만 개로) 증가한 것이다. 반면 프랑스의 총고용수는 겨우 2%(2,190만 개에서 2,230만 개로)밖에 증가하지 않았다. 그러나 미국과 프랑스의 PIB는 둘 다 30%가량 증가했다[OCDE, 1996, p. A23]. 이것은 똑같은 비율로 생산을 증가시킬 수 있는 자본과 노동의 결합이 여러 개 존재한다는 것을 뜻하며 동시에 거시경제 차원에서 대체가능성이 매우 크다는 증거이다. 1983~1996년 사이에 프랑스의 경제성장은 숙련노동과 새로운 장비, 기계화 등을 토대로 구축된 반면 미국의 경제성장은 집약적 노동을 토대로 구축되었으며, 특히 서비스업(외식산업, 상업 등)에서는 거의 숙련되지 않은 단순노동이 주를 이룬다[Piketty, 1997b]. 이런 해석은 기업들의 자본보유고(기계, 장비 등) 변동에 관한 자료들을 통해서도 확인된다. 이 자료들에 따르면 1970~1990년대에 프랑스와 대부분의 유럽 국가들은 미국보다 훨씬 빠른 성장을 보인다(FMI, 1996). 또한 이것은 어떤 지점에서 자본과 노동의 대체가 단지 특수기업이나 특수부문 차원의 기계와 노동자 간 대체만이 아니라, 부문 간에도 제조업에서 서비스업 쪽으로 대대적인 조정이 이뤄질 수 있음을 보여준다.

이에 대한 가장 간단한 설명은 1968~1983년 사이에 매우 가파른 임금상승 결과, 너무 높아진 인건비 때문에 프랑스에서는 자본·노동 간 대체와 고용창출 효과가 나타나지 않는다는 해석일 것이다. 이것은 한계효용론의 효과가 감지되는 장기간이란 당사자들이 기대하는 만큼 그렇게 길지 않다는 걸 암시한다고 볼 수 있다. 그럼에도 불구하고 더 적은 인건비가 더 높은 임금비중으로 이어지기 위해서는 고용창출 효과가 임금효과보다 높아야 할 것이다. 다시 말해서 1보다 큰 자본·노동 간 대체탄력성, 즉 통상적인 평가치를 상회하는 탄력성이 필요할 것이라는 말이다. 게다가 1983~1996년 사이에 노동자당 평균보수의 경우, 미국은 겨우 5% 증가했지만 영국은 20%가 증가했고 프랑스는 12% 이하였다. 이것은 당연히 같은 기간 동안 영국의 총고용수를 거의 10%가량 증가시켰다[OCDE, 1996, A15, A19, A23]. 결과적으로 1983~1996년까지 프랑스는 모든 도표에서 일제히 순위가 떨어지는 것처럼 보인다. 그 이유는 부가가치에서 노동 비중이 전례 없이 크게 감소하면서 임금과 고용이 동시에 정체되어 있었기 때문이다.

생산된 부에서 임금 총액 비중이 프랑스와 대륙 유럽에서는 낮아지는 반면 앵글로색슨계 국가에서는 일정하게 유지되는 이유는 무엇인가? 이것은 평균 노동비 와는 다른 두 요소로 설명할 수 있을 것이다. 첫 번째는 앵글로색슨계 국가에서는 노동자들의 기능이나 자격 수준에 따라 인건비의 격차가 증가했으며 이것만이 1980~1990년대 고용을 증대시켜주었을 거라는 것이다(3장). 두 번째는 고용안정과 보장이라는 명목 아래 근로소득에 포함되어 있는 비(非)통화성 요소가 앵글로색슨계 국가에서는 감소한 반면, 프랑스를 비롯한 대부분의 유럽 국가에서는 높은 상태를 유지했을 것이라는 점이다(프랑스-미국의 비교는 Cohen *et al.*[1996] 참고). 그렇다면 1970~1995년 사이에 이러한 고용보장을 위해 지불해야 하는 비용이 왜 증가했는지를 설명하고, 해당 노동자들이 여기에 부여하고 있는 높은 가치와 비교해봐야 할 것이다.

∴ 자본 분배의 역학

자본·노동 간 불평등이 그토록 지대한 관심을 끄는 이유는 단지 자본이 총소득에서 상당한 몫을 공제하기 때문만은 아니다. 연구자들의 시선을 더 사로잡는 것은 시간이 경과함에 따라 자본·노동 간 불평등이 대체로 재생산된다는, 아니 확대재생산 되고 있다는 사실이다. 어떤 시점에서나 항상 자본이 소득에서 막대한 몫을 챙긴다는 사실보다, 바로 이런 재생산이 보편적 사회정의뿐 아니라 경제적 효율성에서도 자본·노동 간 불평등을 임의적이고, 무익하고, 모순적인 것으로 보이게 하는데 더 큰 영향을 미친다. 가난한 국가나 가난한 부모를 가진 모든 이들에게서 왜 자신의 재능에 맞게 투자할 수 있는 가능성을 앗아가는가? 이처럼 자본·노동 간 불평등은 단지 기초적 재분배만이 아니라 효율적 재분배가 과연 존재하느냐의 문제를 곧바로 제기한다. 따라서 이제 우리의 논의는 요소별(factorielle) 소득분배 연구, 즉 거시경제 차원에서 자본과 노동이라는 두 생산요소가 총소득에서 차지하는 비중을 따지는 논의로부터 개인별(personnelle) 소득분배 연구, 즉 노동자들과 개인 자본가들의 역학과 이들에게 제공되는 투자가능성에 관한 연구로 이행되어야 한다. 시경 경제 논리가 시간의 경과에 따라 비효율적인 자본 분배의 불평등을 재생산한다는 주장은 과연 사실인가? 그렇다면 어떤 도구들이 이 현상을 저지할 수 있는가?

완벽한 신용과 수렴 이론

여기서도 또 다시 몇몇 이론들이 대립한다. 주요 쟁점은 신용시장에 관한 것이다. 사실 신용시장이 완전히 효율적으로 돌아간다면, 다시 말해서 채산성 있는 투자가 생길 때마다 자본이 빠짐없이 투자를 한다면, 자본분배의 초기 불평등은 결국 약화될 것이 분명하다. 출신 가족이나 국가의 초기 재산이 얼마든 간에 이 신용시장 덕분에 적극적인 노동단위들은 모두 똑같은 투자를 실현할 수 있을 것이기 때문이다. 따라서 초기부존자본의 불평등은 지속되지 않을 것이다. 물론 신용시장이 완벽하다 해도 투자금을 빌려야 하는 가난한 개인이나 국가는 이 부채를 상환해야 하므로 저축을 통해 당장 채권자의 세습재산 수준을 따라잡기는 어려울 것이다. 사실상 저소득자들의 저축률이 고소득자들의 저축률보다 현저히 낮다면 채무자와 채권자 간의 이런 불평등은 한없이 지속될 수도 있다[Bourguignon, 1981]. 국제적 차원에서 보면, 이것은 모든 국가의 1인당 국내총생산이 똑같은 상황에 해당할 것이다. 어디서나 노동자 1인당 똑같은 자본량이 투자되기 때문이다. 그러나 부유한 국가들이 가난한 국가들의 자본을 소유하고 있어서 매년 국내소득에서 이익의 몫을 이들에게 지불해야 하는 경우, 이 가난한 국가들의 국내총생산은 사실상 이보다 더 낮다. 그러나 채무자들의 저축률이 대부업자들의 저축률과 같거나 둘의 차이가 크지 않다면, 채무자들은 자신의 노동을 통해 이익을 꾸준히 축적할 수 있고 자금을 점점 덜 빌릴 수 있게 되므로 마침내 채권자를 따라잡을 수 있을 것이다. 사실, 저축률만 보자면 저소득자들의 저축률이 항상 고소득자들보다 낮은 건 아니다. 1950~1960년대 '아시아의 용들'의 저축률은 30% 이상이었던 반면, 1980~1990년대 서방국가들은 예외 없이 저축률이 10~15% 이하였지만 훨씬 부유했다. 그리고 바로 이 저축률이 아시아의 용들로 하여금 부유한 국가들을 따라잡을 수 있게 해주었다[Young, 1995].

부자들과 가난한 자들 사이의 이런 수렴 현상은 전통적인 자본축적과 성장모델이 제시하는 주요한 예측이기도 하다.

[Solow, 1956]. 이러한 결과를 가능케 하는 완벽한 신용모델의 정당성은 어디에 있는가? 시장의 힘을 신뢰하는 이들의 대답은 간단하다. 바로 경쟁 원리이다. 그렇다면 은행이나 부유한 자본가들이 수익성 있는 투자계획을 가진 이에게 돈을 빌려주지 않을 이유는 전혀 없을 것이다. 또 가난한 국가들의 문제가 기계와 장비를 구비하지 못한 데 있다면, 신규투자는 틀림없이 이들의 생산을 대폭 증가시켜줄 것이며, 따라서 부유한 국가들의 자금은 당연히 이 수익을 얻기 위해 몰려들 것이다. 혹 소심해서 망설이는 이들이 있다면 분명 또 다른 이들이 이번엔 자신들이 부자가 되겠다는 의욕을 불태우며 경쟁에 내맡겨진 이 공간을 이용하려고 달려들 것이다. 이것은 수익성이 가장 좋은 투자처를 찾기 위한, 결국 가장 높은 수익을 제공할 수 있는 기업가들에게 자금을 빌려주기 위한 예금자들과 금융중개기관 사이의 경쟁이며, 바로 이것이 완벽한 신용모델의 전형이다. 여기서 도출되는 즉각적인 결론은 오직 기초적 사회정의에 대한 고려만이 초기부존자본이 가장 많은 이들로부터 가장 적은 이들에게로의 재분배를 정당화할 수 있다는 점이다. 자본 분배의 불평등은 그 자체로는 경제적 효율성에 어떤 문제도 제기하지 않는다. 시장이

가용자본의 투자와 생산의 조직화를 효율적으로 담당할 것이기 때문이다(파레토 원리). 따라서 생산과정에는 어떠한 직접적 개입도 필요치 않을 것이다.

부국들과 빈국들 사이의 수렴 문제 수렴 모델은 특히 국제적 차원의 불평등에서 놀라운 예측을 이끌어낸다. 이론상으로는 투자 능력이 국가마다 천차만별이 아니라면 틀림없이 세계적 차원의 캐치업 현상을 목격할 수 있을 것이다. 처음에 가난한 국가일수록 더 많은 투자자본이 들어올 것이고 더불어 성장률도 더 커질 것이기 때문이다. 그 결과 국제적 불평등은 여지없이 감소하다가 마침내 사라지고 말 것이다. 그렇다면 실제 현실은 어떠한가?

한 국가의 1960년도 1인당 소득과 1960~1990년까지 평균성장률의 관계를 살펴보면 이러한 예측은 거의 들어맞지 않는 것 같다. 두 변수 간에 어떤 체계적인 관계도 도출할 수 없기 때문이다[Mankiw *et al.,* 1992, p.427]. 1960년에 상대적으로 가난했던 몇몇 아시아 국가들은 – 대만, 남한, 싱가포르 – 실제로 서방국가들보다 평균소득이 훨씬 더 많이 증가했다. 그러나 같은 해 또 다른 가난한 국가들은 – 인도아(亞)대륙 국가들이나 아프리카 사하라 이

남 국가들 – 평균적으로 성장률이 극히 미미했으며 심지어 마이너스 성장까지 있었다. 수렴 모델은 서방국가들 내에서 그들 자체의 캐치업 현상을 설명하는 데 더 적합한 이론으로 보인다. 가령, 서유럽 국가들이 제2차 세계대전 후 미국과의 격차를 따라잡았던 방식이나 서방국가들과 아시아의 중간소득 국가들 간의 따라잡기를 설명하는 데 더 잘 적용되는 듯하다. 그러나 이 모델은 부국들과 최빈국들 사이나 부국들과 남미의 중간소득 국가들 사이에는 전혀 들어맞지 않는다. 여기서는 오히려 소득격차의 골이 더 깊어지는 경향이 있었다. 만약 19세기 이후 선진국들과 저개발국들 사이의 격차를 정확히 측정할 수 있다면 보다 장기간에 걸친 조사에도 똑같은 결론이 적용될 수 있을 것이다[Morrisson, 1996, p.181]. 실제로 부국들이 빈국들에게 대량으로 투자하는 일은 없었으며 오히려 그 반대현상이 벌어졌다. 일반적으로 최빈국들로부터 최부국들 쪽으로 이동하는 선명한 자본의 흐름이 관찰되었기 때문이다[Lucas, 1990b]. 말하자면 부국으로 유출되는 빈국 자본가들의 자본량이 다른 곳으로 향하는 투자량을 능가해버린 것이다!

자본이 빈국들에 투자되지 않고 이들이 여전히 가난한

상태를 벗어나지 못하는 현상을 전적으로 신용시장의 불완전함 탓으로만 돌릴 수는 없다. 예를 들어 1960년도 '인적자본의 초기자원' 수준(생산인구 중 문맹탈피, 초등교육, 고등교육 등의 비율)을 감안하면 1960년도 초기평균소득과 1960~1990년의 평균성장률 사이에 반비례 관계가 성립함을 볼 수 있다. 주어진 인적자본의 초기자원 수준에서 보면 1960년에 최빈국들이 오히려 더 높은 성장을 기록한 것이다. 솔로의 전통적 모델에서 주장하는 빈국들과 부국들 간의 '무조건적' 수렴에 반해, 내생적 성장론자들이※ '조건적' 수렴이라 칭했던 것이 바로 이것이다[Mankiw *et al.*, 1992]. 예컨대 1960년도에 장차 아시아의 '용'이 될 국가들과 평균소득이 같았던 남미국가들은 훨씬 더 평등했던 이 국가들과는 반대로 문맹 상태로 방치되어 있는 광범위한 인구층 때문에 인적자본의 초기자원이 훨씬 더 열악했다. 그 결과 아시아의 용들이 서방국가들을 따라잡았을 때 남미국가들은 훨씬 더 낮은 성장을 경험할 수밖에 없었다. 초기자원의 불평등은 인적자본의 평균수준에 영향을 미칠 뿐 아니라 이로써 야기되는 사회정치적 불안정 때문에 직접적이든 간접적이든 미래의 성장에도 부정적인 영향을 끼친다[Benabou, 1996].

이 아시아 용들을 통해 얻을 수 있는 또 다른 교훈은 세계시장 통합의 중요성이다. 이들의 기적은 한편으로는, 비교적 평등하고 높은 인적자본에 대한 투자를 통해, 또 한편으로는 경제자유화와 외부시장에 대한 개방을 통해 이루어졌으며, 이 비결은 1980~1990년대부터 아시아의 강대국들로 확대되는 것처럼 보인다. 그럼에도 불구하고, 인도의 경제자유화가 중국에 비해 성공적이지 못했다는 사실은 첫 번째 요소의 결정적인 역할과 중요성을 새삼 일깨워준다. 인적자본에 대한 투자가 없었다면 경제자유화와 자체 경쟁에 내맡겨진 시장은 지속적인 성장을 담보할 수 없었을 것이다[Drèze et Sen, 1995]. 평등주의에 입각한 이러한 교육정책은 분명 효율적 재분배의 가장 주요한 사례일 것이다(3장).

게다가 미국과 인도의 평균소득 차이를 단지 기계나 장비 등 비품의 차이로만 설명해야 한다면 로버트 루카스(Robert Lucas[1990b])의 계산대로 이런 결론을 내려야 할 것이다 : 인도에 투자된 추가자본 1단위의 한계생산성은 미국에 투자된 같은 자본의 한계생산성보다 58배 이상이 될 것이다! 그러나 인도에 투자된 자본의 생산성이 이렇게 높은데도 서양의 자본들이 선뜻 투자하려고 나서지 않는 이유를 단지 신용시장의 결함으로만 설명하기에는 다소 미흡해 보인다. 따라서 일반적인 불평등도 그렇지만 부국과 빈국 간 불평등의 핵심은 생산수단의 불공평한 분배가 아니라 인적자본의 불공평한 분배에서 기인한다는 사실을 확실히 인정해야 한다. 인도에 투자된 추가자본의 생산성이 현저히 감소하는 것은 바로 인도 인구의 절반가량이 문맹이기 때문이다[Dréze et Sen, 1995, tabl. A1].

자본시장의 불완전함 문제

그러나 또 다른 요인들의 주요한 역할을 인정한다고 해서 부국들과 빈국들 간 자본유통에 전혀 문제가 없다는 말은 아니다. 게다가 부국에서 빈국으로 이동하는 대량유통의 부재는 국제적 자본유통의 만성적인 취약함을 일깨워준다. 예를 들어 서방국가들 간에는 연간 가용 국가저축량과 실제로 실현된 연간 국가투자량이 밀접하게 연관되어 있으며, 이 연관성은 이 국가들 간에 금융시장 통합이 제시했을 법한 것보다 훨씬 더 긴밀하다. 금융시장 통합은 이론상으로는 분명 국가저축과 국가투자를 매우 광범위하게 분리하도록 해줄 것이다.

사실 완벽한 신용시장 모델이 암묵적으로 상정하고 있는 것과는 달리, 신용거래란 단순히 자본이 없는 곳에다 기계적으로 자본을 투자하고, 수익을 기다리고, 여기서 만족할 만한 몫을 떼어가는 것으로 성립되는 게 아니다. 실제로는 먼저 이 투자계획의 수익성과 여기에 따르는 위험이 수용할 만한 것이라는 걸 확인해야 한다. 채무자는 당연히 항상 이점을 강조하고자 할 것이다. 다음은 장차 실현될 수익에서 투자자가 상당한 몫을 떼어가더라도 채무자가 이 투자의 성공을 위해 장기간에 걸쳐 필요한 것들을 하려는 의지가 충분한지를 확인하고, 마지막으로 일단 소득이 실현되면 이 채무자가 어디론가 종적을 감추지 않을 것이라는 확신을 가질 수 있어야 한다. 경제학자들이 '역선택'과 '도덕적 해이(aléa moal)'라고 명명한 이 모든 우대조치들의 문제는 불가피하게 이시(異時)적 시장의 − 신용시장을 필두로 거래가 몇몇 기간에 걸쳐 이루어지는 시장 − 상황과 연결되어 있다. 이 문제는 사회보험 문제에서 다시 다루게 될 것이다(4장). 이런 어려움들은 특히 국제시장의 경우에 더 심각하다. 잠재적인 채무자들이나 다른 국가들 내에서 계획 중인 투자 정보의 질이 너무 형편없기 때문이다. 바로 이 점 때문에 국제적 자본 유통이 극도로 미미한 것이다.

 모든 시장과 국가들에게 없어서는 안 될 이런 정보의 문제가 주어졌다고 할 때, 과연 경쟁이 가장 바람직한 방식으로 이것을 해결해줄 수 있을까? 실제로 채권자들이 자신의 출자금 회수에 대한 확신을 갖기 위해 취할 수 있는 조처는 단 하나, 채무자에게 보증금을 요구하는 것뿐이다. 말하자면 채무자가 자신의 초기자본을 투자의 일부에 출자함으로써 채권자에게 이 계획의 실현을 보장할 만한 저당을 잡히는 것이다. 이런 이유로 개인이나 기업은 자기 자본이 클수록 빌릴 수 있는 투자금도 그만큼 커지게 된다. 쉽게 말해서 '오직 부자들에게만 돈을 빌려준다'는 얘기다. 이런 현상은 돈을 빌려주는 대금업자들 입장에서는 효율적이지만 사회 전체로 볼 때는 비효율적인 것이다. 채산성 있는 모든 투자들이 실현되도록 이 자본을 재분배한다면 총소득이 훨씬 높아질 것이기 때문이다. 신용시장의 불완전함은 시장의 불완전함을 보여주는 전형적인 사례로 기초적인 사회정의뿐 아니라 경제적 효율성까지 고려한 재분배에 정당성을 부여해준다. 이론상으로는 보다 공평한 분배를 실현함과 동시에 자원 배분의 효율성을 향상시키는 것은 가능한 일이다(서문).

분명한 것은 19세기 사회주의 이론가들을 필두로 자본주의에 비판적이었던 수많은 연구자들이 이미 오래전부터 이러한 신용할당(rationnement du crédit)* 현상을 의식하고 있었을 것이라는 사실이다. 비록 이 현상을 분석하고 명명하는 일에서는 확실히 면제된 것처럼 보일지라도 말이다. 그러나 1970~1980년대에 이르러서야 비로소 경제 이론은 자본시장의 불완전함의 근원과 이것이 재분배에 미치는 영향을 명시적으로 분석하기 시작했다[Piketty, 1994, p.774~779]. 그 영향은 단지 자본의 재분배가 총소득을 증가시켜줄 수 있다는 것으로만 그치는 게 아니다. 예를 들어 초기 자산은 신용할당이 있을 경우에 개인의 경제활동(임금노동, 자영업 등)을 일정 정도 결정짓게 되며, 그 결과 이 자산의 초기 재분배는 장기적으로 볼 때 직업구조(임금노동자나 자영농민 등의 비율)와 경제성장에 영향을 미칠 수 있다. 영국의 산업혁명 당시 불평등한 분배와 프랑스 대혁명의 유산인 비교적 평등한 분배의 대조가 이것을 잘 보여준다[Banerjee et Newman, 1993].

가능한 공적개입 어떤 유형의 공적개입이 신용할당과 이것이 야기할 수 있는 자본·노동 간 불평등의 지속 현상에 맞서도록 해줄 수 있을까? 실현가능한 개입들이 서로 충돌하게 되는 주된 문제는 신용할당의 경우와 같다. 투자란 단지 자본이 없는 곳에다 이것을 투입하는 것만으로 이뤄지는 게 아니기 때문이다. 이와 더불어 투자할 부문, 생산할 재화, 크고 작은 결정을 위임할 인물 등을 복합적으로 선택해야만 한다. 이러한 어려움은 우대조치와 할당의 문제를 해결할 수 있는 최소한의 장치도 제시하지 않은 채, 자본의 사적소유를 폐지하고 생산수단을 공유하는 것을 골자로 하는 급진적 해결책에서 명백히 드러난다. 그러나 공공은행이나 보조금 융자, 혹은 가난한 국가들의 개발은행처럼 역사적으로 검증된 또 다른 효율적 재분배의 도구들도 이와 유사한 어려움을 갖고 있기는 마찬가지이다. 실제로, 신용할당 이론은 공공은행의 자본이 제대로 투자되고 있는지를 확인하는 것이 민간은행의 경우만큼이나 어렵다는 것을 말해준다. 이런 어려움들은 채무자의 불확실한 이득에서 시장금리에 준하는 금액을 공제하는 순간부터 시작된다. 또 흔히 공공은행이나 또 다른 보조성 신용대출이 암암리에 그렇듯, 이 대출이 시장금리보다 덜 공제함으로써 차용자에게 기부하는 형태라면 공공기관이 아무리 좋은 의도를 갖고 있다 해도 어떤 채무자들이 이 기금을 받아야 하는지, 어떤 분야가 추가투자에 합당한지 등을 정확하게 결정할 수 있다고 단언하기는 어렵다. 매우 현실적인 이런 어려움들은 부유한 국가들이 가난한 국가들에게 부(富)를 이전하고자 할 때마다 발생한다. 어떤 국가에게 국제적인 지원을 해줄 것인가? 이 지원이 제대로 쓰이는지를 어떻게 확인할 것인가? 국가 간 자본 재분배란 단지 자본이 없는 국가에다 헬리콥터로 자본을 실어다 뚝 떨어뜨려놓는 게 아니다. 실제로, 국가들 간에 불평등한 초기 자본을 재분배하기 위해서는 자본이 적은 국가에게 자본을 이전해주는 것보다 자본이 많은 국가 쪽으로 노동력이 이동하도록 유도하는 것이 훨씬 더 쉬운 해결책이다. 자본과는 달리 노동력은 생산과정에 통합되어 아무런 도움 없이도 제자리를 찾을 수 있기 때문이다.

사실, 지금까지 시도된 정책금융(crédit administré) 사례들은 모두 성공과는 거리가 멀었다. 개발은행과 관련된 대부분의 시도는 투자나 생산에서 확실한 가시적 결과물을 내놓지 못한 채 결국 막대한 자금을 빨아들이는 '재정 심연'으로 전락하고 말았다. 서방 세계에서는 적어도 1980~1990년대부터 기업들을 지원하는 보조성 융자와 공적자금의 복합적 메커니즘이 전반적인 회의의 대상이 되고 있다. 자본의 직접적 재분배에서 유일하게 성공을 체감할 수 있는 분야는 농업이다. 가장 좋은 사례로 방글라데시 그라민은행(Grameen Bank)*을 꼽을 수 있다. 이 은행은 1960년대 이후 농민들을 위한 무담보 소액대출을 통해 수백만의 농민들에게 필요한 장비를 갖추도록 해줌으로써 생산성 증대에 기여했다. 이처럼 전통적인 은행체계에서 소외된 빈농들을 위한 대출로 특화된 일부 개발은행들은 전 세계적으로 이와 유사한 시도들을 촉발시켰다. 토지를 재분배하거나 최소한 빈농들에게 임대차계약의 안전을 보장해주는 것을 목표로 한 농지개혁은 가령 벵골에서처럼[Banerjee et Gathak, 1995] 상당한 생산성 향상을 가져오기도 했다.

이토록 높은 생산성 향상은 자본시장의 불완전함의 중요성을 반증해준다. 신용시장이 완벽했다면 틀림없이 농민들에게 신용대출을 해주었을 것이고, 그 결과 이들은 지주가 되어 자신의 수익을 현금화할 수 있었을 것이다. 문제는 상환해야 할 차입금 때문에 농민들의 의욕이 저하되었다면 이 수익은 현금화될 수 없었을 거라는 사실이다. 따라서 오직 재분배만이 농민들의 의욕과 생산성을 향상시켜주었다고 볼 수 있다. 또한 이런 시도들은 소비에트 체제의 토지공유화가 불러온 처참한 결과와도 비교해볼 필요가 있다. 사유자본의 재분배가 농업에서 성공적으로 기능할 수 있었던 이유는 비교적 쉽게 이해할 수 있다. 바로 투자 배분이라는 까다로운 문제가 농업 분야에서는 최소한으로 줄어들기 때문이다. 농민들이 지주나 집단농장의 통제 아래 있을 때보다 더 강한 의욕을 갖고 생산과 혁신에 참여하도록 하기 위해서는 각 농민들에게 합당한 일정량의 토지를 주는 것으로 충분하다.

자본에 대한 비례세(flat tax)*? 따라서 신용할당이 존재하는 상황에서 자본을 효율적으로 재분배하기 위해서는 정책금융의 함정들을 피할 수 있는 가능한 투명하고 보편적인 도구들을 찾아야 한다. 역사적으로 볼 때, 소득과 상속에 대한 누진세 적용은 대체로 자본집중을 감소시키는 데 일조했다(1장). 보다 일반적으로 세습재산에 대한 일반세를 생각해볼 수 있을 것이다. 이것은 세습재산의 일괄이전(transfert forfaitaire) – 성년에 이른 각 시민에게 주어지는 일종의 투자 쿠폰 – 에 출자하도록 해줌으로써 각자 자유롭게 돈을 빌려 가장 이익이 될 만한 곳에 스스로 투자할 수 있도록 해준다. 분명, 이러한 부의 지속적인 재분배를 위해서는 손실이 따를 것이다. 불가피하게 미래의 세습재산에 대한 축적 의지를 저하시킬 것이기 때문이다. 그러나 이 손실은 이러한 재분배가 없었다면 실현되지 않았을 투자에 출자함으로써 얻어지는 이익과 비교해 봐야 한다. 자본 과세로 인한 장기자본 축적의 감소에서 오는 손실이 항상 우세한 것으로 끝난다는 전통적인 주장은 자본시장이 불완전한 상황에서는 기계적으로 적용될 수 없다[Chamley, 1996]. 결국 모든 것은 자본시장의 불완전함 때문에 출자되지 못한 채산성 있는 투자의 양적 크기에 달려 있다고 볼 수 있다. 그렇다면 모든 세습재산에다 몇 %의 세율을 부과해야 하는가? 1%, 5%? 그도 아니면 0.1%? 이 논의를 더 진전시키기 위해서는 출자되지 못한 투자량에 대한 믿을 만한 평가들을 살펴보아야 할 것이다. 그러나 이 투자량은 측정하기가 매우 어렵다. 게다가 자본의 불공평한 분배가 어떤 효율성의 문제도 제기하지 않는다고 주장하는 완벽한 신용의 열혈 지지자들과 오직 사유재산의 폐지만이 이 문제를 해결할 수 있다고 주장하는 급진적 자본주의 비판자들 사이를 늘 지배해왔던 내전의 분위기는 이 핵심적 사안에 관한 지식과 논의를 발전시키는 데 별로 도움이 되지 않았다.

요약하자면, 기초적 사회정의의 관점에서 고용자분담금의 허구를 능가하는 진정한 자본·노동 간 재분배를 실행하기 위해서든, 경제적인 효율성의 관점에서 자본시장의 불완전함으로 인한 부정적 효과들을 반박하기 위해서든, 자본과 자본소득에 대한 투명하고 재분배적인 과세의 정당성은 얼마든지 입증될 수 있다. 실제로 20세기의 자본·노동 간 재분배를 종합적으로 평가해보면, 자본의 사적소유를 폐지하려고 시도했던 국가들뿐 아니라―여기서는 임금노동자들의 생활환경이 정체되어 있었으나 자본주의 국가에서는 빠른 속도로 향상되었다―심지어 서방국가들에서도 그 결과는 참담할 뿐이다. 서방국가들 중 의무과세로 재정이 극도로 약해진 일부 국가들은 현재 자본 측을 압박하고 있다. 이처럼 참담한 평가는 재분배의 도구가 얼마나 중요한지를 보여준다. 재분배 의지만으로는 부족하며 적합한 도구들을 이용해야만 한다. 기존의 사례들은 자본소득 과세의 객관적인 어려움과 마찬가지로 투자 형태의 다양성과 유동성 때문에 대체로 평가하기가 매우 어렵다. 또한 이 사례들은 모든 자본소득에 실제로 가장 광범위하게 적용되고 있는 과세기준의 심각한 손실을 막고 국가 간 조세경쟁의 부정적 효과를 피하기 위해, 최대한 간단하게 계산된 세금의 도움으로 현저한 개선이 이뤄질 수 있음을 시사해준다. 비례세는 보다 큰 자유를 요구하고 또 이 자유를 허용해주는 근로소득의 재정적 재분배에는 아마 적합한 도구가 아닐 것이다(4장). 그러나 오늘날 자본소득의 현실에는 유용한 도구가 될 수 있을 것이다.

그러나 세습재산 분배의 최근 변화는 1987~2013년 사이에 세계 최상위 부의 성장(6~7%)이 세습재산과 소득의 평균 성장(1.5~2%)보다 3배 이상 높다는 걸 보여준다. 이것은 오직 자본에 대한 누진세만이 이 불평등한 동력을 제어할 수 있으며, 민주적으로나 통계적으로 이런 변화들의 투명성을 보다 크게 담보할 수 있을 것임을 암시하고 있다(Piketty, 2013, 12장). 소득에 비해 세습재산이 지닌 거시적 중요성과 새로운 형태의 '세습재산 사회'의 출현을 입증하는 최근의 변화들 역시 이 견해를 뒷받침해준다 [Piketty, 2011 ; Piketty et Saez, 2014 ; Piketty et Zucman, 2014].

03

근로소득의 불평등

비록 매우 불공평하게 분배된 자본소득과 동질노동으로 가정된 근로소득 간의 대립이 불평등의 분석에 깊은 영향을 주었다 해도, 오늘날 아니 아주 오래전부터 소득불평등의 핵심은 근로소득 자체의 불평등으로 이해되고 있다(1장). 예를 들어, 1970년대부터 확인된 쿠즈네츠 곡선의 반전은 바로 이 근로소득의 불평등이 증가한 데서 기인한다. 특히 미국의 경우 최하위 연봉 10%와 최상위 연봉 10% 간 임금격차가 거의 50%나 증가했다. 따라서 불평등을 존재하는 사실로, 또한 재분배를 존재할 수 있는 사실로 이해하고자 한다면, 모든 노동을 동질의 것으로 간주하고 오직 자본·노동 간 불평등만이 지배했던 세계에 대한 관념을 떨쳐버리고 이제 근로소득의 불평등이 어떻게 형성되는지를 분석해볼 필요가 있다. 이 분석의 초점은 재분배를 위한 새로운 도구들의 형태에 맞추어질 것이다. 여기서는 사유재산을 폐지해야 하는지, 이익에 과세를 해야 하는지 혹은 세습재산을 재분배해야 하는지의 여부는 더 이상 관심의 대상이 아니다. 근로소득 불평등을 개선하는 데 적합한 도구들은 또 다른 명칭들을 갖고 있다. 저임금을 위한 고임금 과세와 재정이전, 학교교육과 직업교육, 최저임금, 고용자 측의 차별에 대한 투쟁, 호봉급여표, 노동조합의 역할 등이 그것이다. 이 도구들 중 어떤 것이 가장 정당성이 있는가? 어떤 도구가 다른 도구들보다 정당함을 입증하기 위해, 혹은 이따금 다른 도구들을 기각하기 위해 이용되는 주장들은 무엇인가? 또 이 주장들은 어떻게 평가할 것인가?

∷ 임금불평등과 인적자본의 불평등

임금불평등을 설명할 수 있는 가장 간단한 논리는 각 노동자들이 기업의 생산에 각기 다른 기여를 한다는 사실이다. 고용자 입장에서 볼 때, 기업의 모든 고객 정보를 전산화하고 이것을 가장 신속하고 정확하게 처리하는 정보처리기술자는 매일 몇 가지 서류만을 처리하는 사무원보다 고용자에게 더 많은 돈을 벌게 해준다. 이런 이유로 기업은 이 정보처리기술자에게 더 높은 임금을 지급하게 된다. 그렇지 않으면 다른 기업에서 그를 스카웃해갈 것이기 때문이다. 오랫동안 인적자본 이론이 반감을 샀던 이유는 아마 다음 사실로 설명될 수 있을 것이다 : 이 정보처리기술자의 인적자본 수준이 – 따라서 그의 생산성이 – 사무원보다 더 높다는 이유로 이 기술자의 임금을 사무원의 임금보다 높게 책정할 때, 사람들은 대체로 이 인적자본의 불평등이 두 인간 사이에 뛰어넘을 수 없는 복구불능의 불평등을 자동적으로 평가하고 있으며, 따라서 임금불평등에 전제되어 있는 생활환경의 불평등은 – 경우에 따라서는 엄청난 – 정당화될 수 있을 것이라고 생각한다. 어찌 보면 완전히 터무니없는 생각은 아니다. 실제로 급진자유주의사로 알려진 시카고대학의 게리 베커(Gary Becker)와 그의 동료들은 결국 이 이론을 발전시켜 대중화시켰으니까 말이다[Becker, 1964]. 사실 이 경제학자들은 임금불평등을 개인생산성의 차이로 설명하는 것에만 그치지 않는다. 이들은 특히 인적자본 불평등의 형성과 기원에 관한 이론을 제시하고 있는데, 이것의 결론은 모든 형태의 야심찬 공적개입을 배척하는 것이다.

그러나 서문에서 소개한 구분에 따라, 기초적 재분배(고임금과 저임금 간 소득이전의 형태)와 효율적 재분배(인적자본의 형성과정에 개입하는 형태)를 구별하기 위해서는 각 사안을 별도로 검토하는 것이 유익할 것이다. 우리는 여기서 개인적인 수준에서 인적자원의 불평등은 정해진 것으로 간주하고 논의를 시작할 것이다. 임금불평등과 기초생산성의 불평등에 관한 이 이론은 과연 노동자들의 실질적인 불평등을 만족스럽게 설명해줄 수 있는가? 임금불평등에서 기인한 생활수준의 불평등을 가장 효율적으로 개선하는 데 이 이론은 어떤 영향을 미치는가? 그리고 나서 우리는 인적자본의 형성 문제에 초점을 맞출 것이다. 인적자본의 불평등은 어디에서 비롯되는 것인가? 또 이것을 수정해 줄 수 있는 효율적 재분배의 도구는 무엇인가?

인적자본 이론의 설명력

불평등의 기원을 고려하지 않은 가장 초보적인 단계에서, 인적자본 이론은 단지 노동이란 동질의 실체가 아니며 개인들은 각기 다른 수준의 인적자본을 가진 존재로, 즉 소비자들이 요구하는 재화와 서비스의 생산에 기여할 수 있는 각기 다른 능력을 가진 존재로 특징지어진다고만 말한다. 생산인구가 다른 수준의 인적자본으로 분포되어 있고(노동의 공급), 다른 유형의 재화와 이것을 생산할 수 있는 인적자본의 수요(노동의 수요)가 주어졌을 때, 수요공급의 원리는 각기 다른 인적자본의 수준에 따라 임금을 결정하게 되고 이로써 임금불평등이 초래된다는 것이다. 인적자본이란 매우 총체적인 개념이라고 할 수 있다. 여기에는 엄밀한 의미의 자격(졸업장 등), 경험, 그리고 재화와 서비스의 생산과정에 통합되는 개인적 능력에 영향을 미치는 모든 특성들이 포함되어 있기 때문이다. 과연 이 이론은 기업들이 실제로 지불한 근로소득의 불평등을 설명해줄 수 있는가?

역사적으로 주요한 불평등들 이러한 개론 수준에서 이미 존재하는 극심한 임금불평등을 설명하고자 한다면 인적자본 이론은 반드시 짚고 넘어가야 할 문제로 보인다. 가령 선진국들의 1990년 평균임금이 1870년 평균임금보다 10배 이상 높다는 사실은(1장) 노동자들의 자격이나 노동습관의 발전이 이들의 생산성을 10배 이상 증가시켰다는 사실로밖에는 설명할 길이 없다. 하기는 기업의 부가가치에서 1870년과 1990년의 임금 비중이 똑같았고, 따라서 장기적으로 볼 때 임금인상은 이익 비중이 감소한 결과가 아니었음을 이미 확인한 이상, 이것을 달리 무엇으로 설명할 수 있겠는가?(2장) 장기적으로 볼 때, 노동자들의 구매력을 현저히 증가시킨 것은 바로 노동생산성의 향상이었다는 점에는 이론(異論)의 여지가 없다.

마찬가지로, 저개발국 노동자들의 평균구매력이 선진국 노동자들보다 10배나 낮다는 사실을 설명하려면, 대다수가 중등교육을 받은 북유럽 노동자들과 50% 이상이 여전히 문맹인 남유럽 노동자들 간의 자격 수준을 거론치 않을 수 없다. 확실히 이 자격의 차이가 핵심적 역할을 하고 있기 때문이다(2장). 또 다른 요소들, 즉 남유럽 노동자들로부터 충분한 투자기회를 앗아가는 신용시장의 불완전함이나 이들이 북유럽의 높은 혜택을 — 물적자본이든 인적자본이든 — 받으러 가지 못하게 가로막는 국경폐쇄와 같은 것도 이 불평등을 더욱 악화시키는 요소들이다. 그럼에도 불구하고 남북유럽 노동자들의 임금불평등을 설명하는 데 불가피한 요소는 이 둘 사이를 가르는 엄청난 노동생산성의 차이이다.

수요와 공급의 원리 인적자본 이론은 한 국가의 경제 발전 단계에서 규모는 더 작지만 단기간에 두드러지는 불평등을 설명하기 위해서도 불가피한 도구이다. 가령, 영국 본토에서 숙련노동자들과 미숙련노동자들 간의 평균임금 비율은 1815년에 2.4였던 것이 점차 증가해서 1851년에는 3.8에 이르렀고, 그 이후 꾸준히 감소한 결과 1911년에는 2.5까지 떨어졌다[Williamson, 1985]. 이 임금격차가 19세기 초반과 종반보다 중반에 거의 60% 이상 높았다는 사실은 어떻게 설명할 것인가? 다른 자료들을 통해서도 확인된 가장 유력한 설명은 19세기 전반에는 산업 기계화의 증대로 숙련노동의 수요가 격증했으나 같은 시기 농업생산성 증대로 인한 대규모 이농(離農)이 미숙련노동의 공급을 빠르게 증가시켰으며, 19세기 후반에는 농촌에서 유입되는 미숙련노동의 공급은 안정화되었고 직업훈련과 기능향상으로 숙련노동자들의 수가 대폭 증가한 결과 숙련노동자와 미숙련노동자 간의 임금격차가 감소하기 시작했다는 것이다. 마찬가지로, 보다 작은 규모지만 미국에서도 이와 유사한 현상이 관찰되었다. 미국에서는 고졸 수준(프랑스의 바깔로레아에 해당)의 노동자들과 그 이상의 학력을 지닌 노동자들 사이의 평균임금 격차가 1970~1980년에는 15%가 감소했으나 1980~1990년에는 25% 이상 증가했다[Murphy et Welch, 1993, p.106]. 1970년대에 이 격차가 감소했다는 사실은 전반적으로 임금불평등이 증가하는 추세에서 나타난 현상이라 더욱 주목을 끈다. 그러나 학위를 소지한 베이비붐 가계가 노동시장에 대거 유입되면서 1970년대에 역사상 최고치에 달했던 고졸 이상 노동자의 증가율이 1980년대에는 현저히 감소하게 된다.

이 두 사례가 특히 중요한 이유는 임금격차가 이렇게 큰 폭으로 급변하는 경우는 좀처럼 사례를 찾아보기가 어렵기 때문이다. 다른 수준의 인적자본에 대한 수요와 공급 원리는 근로소득의 불평등 변화 추이를 비교적 설득력 있게 설명해줄 수 있을 것이다.

1970년 이후 임금불평등 증가 이러한 인적자본의 수급 원리가 1970년부터 일부 서방국가에서 두드러졌던 임금불평등의 전반적인 증가를, 일반적으로 말해서 고용 불평등의 증가를 만족스럽게 설명해줄 수 있는가?(1장) 이와 같은 임금불평등의 갑작스런 증가를 설명하기 위해 수많은 연구자들이 제시한 설명은 장기간에 걸친 인적자본의 수급 변화를 바라보는 시각 속에 나타나 있다. 제1차 산업혁명기 동안 임금불평등의 첫 번째 증가 국면 이후―이 시기는 기능 인력의 수요증가와 농촌으로부터 대거 유입되는 미숙련 인력으로 특징지어진다―이 불평등은 19세기 말부터 1970년대까지 모든 선진국에서 일제히 감소하기 시작했다. 그 이유는 무엇보다 직업훈련과 대중교육의 빠른 확대 덕분에 노동자 간 기능격차가 크게 좁아졌다는 사실과 평균적인 기능인력을 토대로 한 노동집약적 산업의 필요성이 점차 증가했기 때문이다. 그러나 이러한 필요가 더 이상 증가하지 않고 탈공업화가 시작되자―미국에서는 60년대 말부터―임금불평등은 새로운 국면으로 접어들게 된다. 여기서는 새로운 분야들(기업서비스, 정보처리기술, 통신 등)이 고급기능 인력을 점점 더 높이 평가하게 되었고, 그 결과 교육체계나 체험을 통해 이 기능을 얻지 못한 생산인구의 상당 부분은 생산성이 낮은 분야(개인 서비스, 외식산업, 상업 등)로 대거 밀려나거나 실업과 불완전고용 상태에 놓이게 되었다는 것이다. 이 이론의 최종 버전은 이렇게 설명한다 : 임금불평등이 증가한 이유는 19세기 전반에도 그랬듯, 단지 교육체계와 인적자본의 공급이 신기술과 신규 분야의 수요에 신속하게 대응할 수 없었기 때문만이 아니라, 이제는 기술적 진보가 늘 불공평하게 주어지는 개인적 특성에 더 높은 가치를 부여하게 되었고 전통적 기술에서 필요했던 진부한 기능들은 뒷전으로 밀려나게 되었기 때문이다. 바로 이것이 모든 형태의 자격증과 '재능'을 가진 이들에게 유리한 기술적 변화, 즉 '기능편향적 기술변화(skill-biased technological change)' 가설*이다[Juhn *et al.*, 1993].

편향적 기술변화? 이 이론은 서방세계 임금불평등의 장기적 변화에 관한 것으로 우선은 비교적 그럴듯하게 들린다. 적어도 가장 기초적인 진술에서는 말이다. 개인의 기능 수준에 따른 임금불평등의 증가를 잘 엿볼 수 있는 곳은 당연히 미국이다. 이러한 변화를 가장 먼저 경험한 국가이기 때문이다. 1980년 이후, 더 전문적인 자격증이나 더 오랜 직업경력이 평균임금에 미치는 영향에 관한 연구 결과를 보면 예외 없이 그 수치가 현저히 증가했음을 알 수 있다. 노동 경제학자들의 용어를 빌면, 기능의 '생산성'이 현저히 증가한 것이다[Juhn *et al.*, 1993].

문제는 전체 임금불평등 증가의 60%가량이 모두 같은 특성을 지닌-동일한 교육수준, 동일한 직업경력, 동일한 연령-노동집단 내에서 일어났다는 사실이다[Juhn *et al.*, 1993, p. 431]. 게다가 1970년 이후 이 불평등이 동질의 노동집단 내에서 증가했다는 사실은 1970년대에 미국에서 학위의 생산성이 감소했음에도 불구하고 임금 분배의 불평등이 지속적으로 증가한 이유를 설명해준다(1장). 마찬가지로, 모든 서방국가에서 실업과 불완전고용의 증가가 사실상 미숙련노동자들에게 훨씬 큰 타격을 주었을지라도, 동일한 기능 수준의 노동자들 간에도 고용불평등이 증가했으며 고급 기능을 갖춘 노동집단도 예외는 아니었다. 또한 기능편향적 기술발전 이론은 프랑스처럼 임금불평등이 거의 혹은 전혀 증가하지 않았던 국가에서도-미국처럼 생산성 격차가 임금격차로 상쇄되어졌을 국가들에 비해-특별한 기능이 없는 미숙련노동자들이 실업의 타격을 더 크게 받았을 것이라는 걸 암시해준다. 게다가 프랑스 미숙련노동자들의 실업률이 미국보다 훨씬 높다 해도 숙련된 노동자들의 실업률 역시 마찬가지이며 실상 이 둘은 거의 같은 비율이다[Card *et al.*. 1996].

물론 임금 관련 조사에 기재되어 있는 개인적 특성들이 - 경제학자들이 개인적인 기능을 객관적으로 측정하기 위해 관찰할 수 있는 유일한 변수인 - 몹시 빈약하다는 사실을 과소평가해서는 안 된다. 여기에 수록된 지표들의 의미는 국가마다 상당히 다르기 때문에 어떤 문제이든 이 자료들을 근거로 국제적인 비교를 하는 것은 대단히 위험한 일이다. 가령, 1990년 프랑스는 생산인구의 25% 미만이 바깔로레아나 그 이상의 졸업장을 소지하고 있었던 반면, 미국은 여기에 상응하는 - 프랑스의 리쎄(lycée)에 해당하는 고등학교(high school)를 졸업했거나 그 이상 - 이들이 생산인구의 85% 이상이었다[Lefranc, 1997, fig.1]. 그 결과 미국의 미숙련노동자들은 프랑스의 미숙련노동자들보다 훨씬 더 좁은 집단을 형성하고 있음을 알 수 있다. 분명 현실은 이 빈약한 통계지표들이 시사하는 것보다 훨씬 더 복잡하고 미묘하다. 이를테면, 프랑스의 리쎄에 비해 미국의 고등학교 수준이 질적으로 고르지 않다는 것은 익히 잘 알려진 사실이다.

이용 가능한 척도들이 부족한 것도 주어진 국가의 임금불평등 변화추이를 연구하는 데 걸림돌이 된다. 경제학자들은 흔히 해당 노동자가 졸업한 대학의 수준이나 그가 받은 졸업장의 정확한 성격이 아니라 단지 총 학업연수만을 주목한다. 그러나 어떤 고용자든지 자신의 잠재적인 노동자에 관해 이런 유형의 정보를 입수할 것이고, 경제학자들이 관찰한 것과 학업연수가 같을지라도 불균등한 직업교육 수준 가운데서 차이를 구별해낼 줄 안다. 게다가 이 졸업장의 정확한 성격이 학업연수가 보장하는 기능과는 다른 개인적 특성들을-예를 들어, 학력이 '신호(signal)'로 작용하는 신호이론에 따르면 노동 동기나 노동 능력과 같은 것들-측정하기 위해 쓰인다면[Spence, 1974], 단지 학업연수만을 관찰한 경제학자들의 결과물은 고용자가 실질적으로 필요한 내용을 측정하는 데 별로 도움이 되지 않을 것이다. 바로 이것이 관찰 가능한 개인적 특성을 통해 임금불평등을 설명하려는 시도들의 전통적인 한계이다. 전체적인 불평등이라는 중요한 요소가 여전히 설명되지 않기 때문이다. 그러나 경제학자들이 똑같은 특성을 지닌 것으로 간주한 집단들 내에서 실질적인 인적자본의 불평등은 1970년 이후 증가했을 가능성이 크다. 이때부터 이를테면 학업연수 때문에 졸업장들 간에 불평등이 커졌기 때문이다.

그러나 기능편향적 기술발전 가설의 옹호자들이 제시한 이런 해석은 인적자본 이론을 광의로 해석하면 완전히 동어반복에 빠질 우려가 있음을 보여준다. 임금불평등의 변화추이를 설명하고자 할 때, 어떤 변화든 외부관찰자에게는 포착되지 않는 다양한 개인적 특성들의 생산성 변화를 통해 설명하는 것은 얼마든지 가능하기 때문이다. 인적자본과 편향된 기술발전에 관한 이론이 임금불평등과 고용불평등 증가의 상당 부분을 설명해주는 것은 사실이지만, 관찰된 현상 전체를 이런 식으로만 설명하고자 하는 것은 우리의 현 지식수준에서 볼 때 지나치게 '낙관주의적'인 견해로 보인다.

임금불평등과 세계화 1970년 이후 임금불평등 증가를 설명해주는 인적자본 이론의 또 다른 적용 대상은 세계화 현상이다. 이 이론에 따르면, 북유럽의 단순노동자들을 남유럽의 노동자들과 경쟁하게 만든 것은 남·북유럽 간 무역개시이며, 바로 이것이 임금불평등의 증가를 초래했으리라는 것이다. 이 주장은 논리적으로는 그럴듯해 보이지만 불가피한 현실과 충돌하게 된다. 제3세계 국가로부터 들어오는 수입품이 1970년 이후 현저히 증가하긴 했으나 이것은 1990년 모든 서방국가의 PIB에서 겨우 2~2.5%에 지나지 않았기 때문이다. 말하자면 선진국 간 국제무역의 10%에 불과했다는 말이다[Freeman, 1995, p.16]. 서방세계에서 생산되고 소비되는 모든 재화와 서비스들 중 이토록 미미한 비율이 어떻게 임금불평등 증가라는 일반적 현상의 근원이 될 수 있겠는가? 물론, 이론적으로는 각기 다른 수준의 기능에 대한 수급 원리가 국제무역으로부터 타격을 입은 몇몇 분야의 불평등 증가를 경제 전반으로 확산시킬 수 있다. 그러나 이러한 가정은 경험적으로 증명될 필요가 있다.

게다가 미국과 영국에서는 같은 회사의 임금 상관관계에 비추어볼 때 다른 기업들 간에 인적자본에 따른 노동자들의 차별이 눈에 띄게 증가했으며, 이러한 양상은 국제무역으로부터 타격받은 분야뿐 아니라 경제 전 분야에 걸쳐 똑같이 관찰되었다[Kremer et Maskin, 1996]. 기업 간 차별의 현저한 증가는 프랑스에서도 관찰된다[Kramarz *et al.*, 1995]. 이것은 초생산적(ultraproductive) 생산단위들과 등한시된 단위들 간에 차별의 증가가 매우 보편적인 현상이었음을 암시한다. 이상의 사실을 종합해볼 때, 임금불평등 증가의 근본적인 원인은 선진국들의 생산구조가 내적으로 변화한 데 있으며, 이 국가들이 국제무역에서 폐쇄경제 정책을 취했을 경우 이와 유사한 현상이 발생했을 거라는 사실을 지적해주는 것으로 보인다.

임금을 어떻게 재분배할 것인가?

기업들이 지불한 불평등한 임금이 실제로 노동자들의 인적자본의 차이로 설명된다는 점은 인정하기로 하자. 이것은 재분배에 어떤 영향을 미치는가? 먼저, 적어도 단기간에는 이것이 인적자본 자체의 불평등에 영향을 미치는 것은 불가능하기 때문에 사실상 우리가 할 수 있는 일은 시장이 자연스럽게 이끌어낼 소득을 재분배하는 것뿐이라고 가정하자. 그렇다면 이것은 기초적 사회정의의 관점에서 정당화되는 기초적 재분배와 관련될 것이다(서문). 초기부존자본의 불평등과 마찬가지로(2장), 인적자본의 불평등 또한 적어도 일부는 사회적 출신이나 천부적 재능처럼 개인이 제어할 수 없는 요소들에 의해 결정되기 때문이다. 이 재분배를 실행할 수 있는 최상의 방법은 무엇인가?

자본·노동 간 재분배의 경우처럼(2장), 문제의 핵심은 거시경제 차원에서 여러 유형의 노동과 인적자본 사이에 대체가능성이 존재하는지를 아는 것이다. 만약 다른 유형의 노동을 이용할 수 있는 비율이 고정되어 있어서(정보처리기술자 1명당 노동자 n명 등), 이 고용량들이 완전히 고정되어 있다면 직접적 재분배는 재정적 재분배와 완전히 동등해질 것이다. 이를테면, 전자는 높은 최저임금과 낮은 최고임금을 정해서 기업들이 각기 다른 수준의 인적자본에 적용할 수 있는 급여표의 폭을 시장 임금에 비해 좁히는 것으로, 후자는 임금은 시장 차원에서 안정화되도록 맡겨두고 고액 연봉자들이 저액 연봉자들을 위한(즉 이들의 세금을 낮추기 위한) 재정이전에 출자하도록 고임금에다 세금을 매기는 것으로 이루어지기 때문이다. 그러나 자본·노동 간 대체탄력성과 같은 방식으로 정의되는(2장) 각기 다른 노동 간 대체탄력성이 무시할 정도가 아니라면 엄밀히 말해 재정적 재분배가 더 우월하다고 볼 수 있다. 이 재분배는 기업들이 미숙련노동의 가격을 올리지 않고, 따라서 미숙련노동의 고용량을 줄이지 않고도 직접적 재분배와 같은 비율로 이들의 소득을 증가시켜줄 수 있기 때문이다. 따라서 재정적 재분배의 우월함은 직접적 재분배와는 달리, 기업들이 지불한 가격과 노동자가 수령한 가격을 구분하도록 해준다는 데서 기인한다. 이것은 매우 일반적인 논리로 단지 각기 다른 기능들 사이의 재분배에만 적용되는 게 아니다. 예를 들어, 모든 노동자들에게 부담을 주는 공제를 통해 출자되는 가족수당 체계는 기업 입장에서 보면 노동가격을 올리지 않고도 부양자녀를 가진 노동자들에게 임금을 재분배하도록 해준다. 이것은 기업들에게 부양자녀가 딸린 노동자에게 다른 노동자들보다 더 높은 임금을 주도록 요구하는 직접적 재분배와는 상반되는 것이다.

여기서도 경험에 근거한 연구들은 이런 대체성의 존재를 입증해준다. 미숙련노동의 비용이 숙련노동에 비해 증가할 때 미숙련노동의 수요는 숙련노동에 비해 감소하고, 반대로 비용이 감소하면 수요는 증가한다. 모든 계량경제 연구들은 일정한 시간과 공간에서 관찰된 고용구조의 현저한 변화와 마찬가지로, 이 탄력성이 시종일관 자본·노동 간 대체탄력성보다 높다는 것을 보여준다[Krussel *et al.*, 1996 ; Hammermech, 1986](2장). 즉 숙련노동자들 없이 기업을 운영하는 것보다 미숙련노동자들을 기계나 숙련노동자들로 대체하는 것이 더 쉽다는 얘기다.

그러나 임금 재분배에서는 재정적 재분배와 이것의 가격체계 논리가 자본·노동 간 재분배에서처럼 쉽게 받아들여지진 않는다(2장). 저임금자들을 압박하는 각종 부담금의 감소를 좌익에서 선뜻 반기지 않는 이유도 바로 이것 때문이다. 사실, 각기 다른 수준의 노동에 합의된 가격이 – 경우에 따라서는 매우 불공평한 – 유용한 할당을 담당하고 있기 때문에 이 가격은 자유롭게 조정되어야 한다는 생각을 받아들이기는 어렵다. 이로 인해 초래되는 소득불평등이 부당하고 마땅히 세금과 이전지출을 통해 수정되어야 한다는 것을 인정한다면 말이다. 만약 임금불평등이 부당하다면 왜 기업들에게 보다 공평한 임금을 지불하도록 요구하지 않는 것인가? 문제는 자본·노동 간 재분배의 경우와 똑같은 것이다(2장). 수많은 재화와 용역을 생산하는 복잡한 세계에서, 미숙련노동 가격에 비해 숙련노동 가격이 높다는 것은 기업들과 소비자들이 숙련노동보다는 미숙련노동 집약적인 재화나 용역을 선호하도록 이들을 독려하는데 최악의 방법은 아닐 것이다. 재정적 재분배는 여러 유형의 노동자들이 획득한 소득을 재분배함으로써 가격체계의 할당 역할을 유지하도록 해준다.

정치적인 주요 쟁점 자본·노동 간 대체와 마찬가지로 여기서도 정치적 쟁점은 중요하다. 만약 1970년 이후 임금 불평등 증가가 정말로 편향된 기술발전과 개인 생산성의 차이로 설명된다면, 고용을 창출할 수 있는 유일한 방법은 기업들과 소비자들이 각기 다른 유형의 노동에 지불한 가격이 똑같은 비율로 벌어지게 하는 것뿐이다. 1980년대 임금 'P90/P10' 비율은 미국에서 4.5인 반면 프랑스에서는 '겨우' 3.2에 불과했다(표7). 여기서 끌어낼 수 있는 결론은 다음과 같다 : 프랑스가 미국만큼 고용을 창출하기 위해서는, 무엇보다 프랑스에서 부가가치의 노동 비중이 감소하는 걸 막기 위해서는, 90번째 백분위의 노동가격(임금과 사회적 분담금)과 10번째 백분위의 노동가격 간에 'C90/C10' 격차가 40%가량 증가해야 할 것이다. 이것은 저임금자들을 압박하는 모든 사회적 분담금을 폐지하게 만들 것이며 그 부담은 고스란히 고임금자들에게 전가될 것이다. 노동자들이 수령한 임금의 'P90/P10' 비율을 올리려고 애쓰기보다 사회적 분담금을 이용해 'C90/C10' 비율을 수정하고자 하는 이 해결책은 훨씬 바람직한 것으로 보인다. 이미 극빈자들인 저임금자들이 편향된 기술발전의 비용을 지불할 이유가 전혀 없다는 점에서 이 정책은 보다 정당할 뿐 아니라 미국에서 미숙련노동자들의 노동시장 수축을 막아준 유일한 해결책이기도 하다(1장).

사실, 1978년부터 프랑스의 성공적인 정부들이 하나같이 시도했던 정책이 바로 이것이다. 이전에는 상한선이 정해져 있어서 고임금자들보다 저임금자들에게 더 큰 부담을 주었던 사회적 분담금의 상한선을 점차 철폐하기 시작한 것이다. 1978~1979년과 1982~1984년에 의료보험 분담금을 필두로 1989~1990년에는 가족수당의 상한선이 폐지되었다. 그리고 1993년부터는 저임금자들의 경우 이 두 분담금마저 감소되었다. 이로 인해 그전까지 임금의 'P90/P10' 비율보다 낮았던 노동비용의 'C90/C10' 비율이 1993년부터는 더 높아지게 되었다. 프랑스의 경우, 임금의 'P90/P10'는 일정하게 유지되었어도 'C90/C10'는 1970년에 3.4였던 것이 1983년 '임금 대삭감기' 동안 2.9로 내려갔다가 1995년에 다시 3.4를 회복했다[INSEE, 1996a, p.51]. 이것은 프랑스를 1970년대 초 임금불평등이 증가하기 전의 미국 수준으로 되돌려놓는 것이다(표7). 그렇다면, 여전히 미국의 4.5 수준에는 훨씬 못 미치므로 프랑스는 지속적으로 분담금의 격차를 벌리고자 노력해야 한다는 결론을 내리고 싶어질 것이다(4장).

그러나 이런 비교들은 신중하게 취해져야 한다. 예를 들어, 1990년대 초 영국의 임금 'P90/P10'는 3.3이었고(표7) 'C90/C10'는 저임금을 압박하는 사회적 분담금들이 경감된 덕분에 이것보다 약간 높았다. 그리고 이것은 영국 기업들과 소비자들이 보다 고용집약적인 재화와 서비스로 향하는 것을 가로막지 않았다. 반면 프랑스는 생산된 부에서 임금총액 비중이 지속적으로 감소되었다(2장). 실제로 영국은 평균임금이 더 낮은 프랑스보다 가난한 국가로 남아 있다. 따라서 수렴 모델의 관점에서 보면 캐치업 현상의 득을 볼 수도 있을 것이다.

인적자본의 불평등은 어디서 비롯되는가?

재정적 재분배는 인적자본 불평등이 미치는 영향을 생활수준의 불평등이라는 말로 제한하도록 해주지만 이 불평등의 구조적 원천을 바꾸지는 못할 것이다. 따라서 인적자본 불평등의 형성과 재분배는 중요한 문제이다. 게리 베커와 그의 시카고 대학 동료들을 급진자유주의자들로 보는 이유는 임금불평등이 인적자본의 불평등에서 비롯되었다고 보는 이들의 이론 때문이 아니라 오히려 인적자본

불평등의 형성에 관한 이론 때문이다. 게리 베커와 그의 동료들에게 인적자본의 획득이란 바로 고전적 유형의 투자와 비슷하다. 만약 투자비용(교습비, 대학등록금, 학업기 등)이 투자 '생산성(이 인적자본으로 얻게 되는 추가임금)'보다 낮다면, 완벽한 신용시장 모델이 물적자본 투자에서 예측하는 것과 똑같이 시장은 이 수지맞는 투자에 출자하기 위해 필요한 자금을 찾아낼 것이다. 마찬가지로, 어떤 고용이 가져줄 수 있는 경험과 훈련이 인적자본을 크게 증가시켜준다면, 해당 노동자는 기꺼이 매우 적은 임금을 수락할 것이며, 심지어 이 자리를 차지함으로써 수지맞는 투자를 실현하기 위해 이 기간 동안 고용자에게 값을 치르기까지 할 것이다. 이 노동자에게 자유롭게 계약할 권리가 있다면 말이다.

만약 이것이 유효하다면 인적자본 이론은 즉각 두 결과를 초래할 것이다. 이것은 구분해서 짚고 넘어갈 필요가 있다. 첫 번째는 임금의 실질적인 재정적 재분배 비용이 막대할 것이라는 사실이다. 인적자본의 투자생산성이 감소한다면 이 재분배는 결국 인적자본에 투자하려는 개인들의 의욕을 저하시킬 것이기 때문이다. 이것은 고임금자들의 수를 줄이게 될 것이고, 따라서 저임금자들에게도 그만큼 손해가 되는 것이다. 예를 들어, 만약 의사들에게 오랜 학업에 대한 보상으로 일반노동자들보다 10배 이상의 수익이 보장되지 않는다면, 이 노동자들을 진료하면서 세금을 지불할 의사는 더 이상 없을 것이라는 말이다. 따라서 인적자본에 대한 투자이론은 인적자본의 공급탄력성이-자본의 공급탄력성과 같은 방식으로 정의되는-매우 크다는 것을 말해준다. 가끔 거론되는 또 다른 주장은 이 소득을 재분배하려는 것이 역효과를 낼뿐 아니라 부당하다는 것이다. 만약 개인들이 인적자본 투자에서 각기 다른 선택을 한다면, 그것은 대개 학업기간이나 임무의 난이도 등에 대한 개인적인 선호 때문이므로 국가는 여기에 관여할 필요가 없다는 것이다. 실제로 가장 자주 거론되는 주장은 자본·노동 간 재분배에서처럼 인적자본의 공급탄력성이다. 임금 재분배가 투자의욕을 저하시킨다는 주장은 어느 정도까지 사실인가? 유감스럽게도 이에 대한 경험적 평가는 이론적인 설명들에 비해 그 수가 훨씬 적다. 그리고 우리의 현 지식수준으로 볼 때 그 효과는 시카고학파가 가정하는 것보다 적을 것으로 예상된다(4장).

효율적인 불평등? 인적자본 이론이 초래하는 두 번째 결과는 국가가 인적자본의 불평등이 형성되는 과정에 개입하는 것은 무익하다는 것이다. 시장원리와 민간주도의 자유로운 경쟁 덕분에 교육과 훈련에 수익성 있는 모든 투자들이 이미 실행되고 있는 이상, 국가가 교육시장이나 노동시장에 개입하는 것은 오히려 해가 될 수 있다는 것이다. 결국 기초적 재분배는 투자의욕을 저하시키므로 온건한 규모로 이뤄져야 하며, 파레토의 원리에 따라 시장이 모든 자원을 효율적으로 배분하게 될 것이므로 어떠한 효율적 재분배도 고려될 수 없다는 것이다.

이러한 주장은 불평등의 대물림과 교육기회의 불평등이란 논리를 앞세우는 사람들에겐 깜짝 놀랄 만한 소리로 들릴 것이다. 공교육 정책이 정당한 첫 번째 근거는 이 정책과 관련된 미성년자들이 대개 이런저런 투자의 채산성을 판단할 수 없으며, 그 부모들이라 해도 항상 더 잘 판단하는 것도 아니라는 사실이다. 경제학자들이 대체로 이용하기를 주저하는 이 '가부장적' 논거는 명백히 실질적인 타당성을 갖고 있다. 설령 인도 아이들이 시카고학파의 제안을 받아들이고 시장 원리와 부모들의 민간주도가 이 아이들이 문자교육을 받도록 부추긴다 해도 인도는 십중팔

구 오랫동안 빈곤 속에 남아 있게 될 것이다. 이렇듯 의무적인 초등교육은 가장 중요한 효율적인 재분배일 것이며, 경제성장과 수렴에 관한 연구들도 이러한 공교육이 없었다면 19세기 이후 서방국가들의 생활수준이 크게 발전하지 못했을 것임을 입증해준다.

인적자본 이론을 반박하는 또 다른 주장은 당연히 신용시장의 불완전함이다. 서민 계층 출신자들은 비록 그럴 만한 능력을 갖고 있고, 따라서 이 투자가 채산성이 있을지라도 감히 오랜 기간의 학업을 시도할 수 없을 거라는 것이다. 신용시장의 불완전함은 인적자본 투자가 대출금 상환을 확실히 보장하기 어려운 장기투자와 관련될 경우 더욱 현실화되는 듯하다. 누구라도 유력한 부모를 보증인으로 내세우는 학생에게 더 쉽게 융자를 해줄 것이기 때문이다. 따라서 이 주장은 인적자본의 비효율적 불평등을 극복할 수 있는 서민계층 출신자들의 직업교육에 강력한 출자의지를 표명하는 정책들의 정당성을 입증해준다고 볼 수 있다.

그럼에도 불구하고, 이처럼 불완전한 신용대출의 양적 크기에 대한 신뢰할 만한 경험적 평가가 전무하다는 점과 이 가부장적 논거를 모든 수준의 직업교육에 무차별적으로 적용할 수는 없다는 점은 인정해야 한다. 확실히 최종 교육 수준은 타고난 환경에 따라 크게 달라진다. 뿐만 아니라 10세 아동들을 대상으로 조사한 결과 대체로 서민가정 출신의 아이들이 더 짧은 기간 동안 교육을 지속하는 것으로 나타났다. 이로써 이들로 하여금 다른 아이들과 똑같은 교육을 받을 수 없게 하는 유일한 장애물은 불완전한 신용시장이라고 결론지을 수 있을 것이다. 일부 사회학자들은 이 결과가 서민가정 출신의 아이들이 장기간의 학업을 지속하고자 하는 의욕이 더 적다는 사실을 통해서도 – 사람들이 이들에게 기대하는 것은 단지 현재와 같은 서민가정의 지위를 유지하는 것뿐이므로 – 설명될 수 있다고 주장했다[Boudon, 1973].

'개인적 선호'의 사회학적 버전이라고 할 수 있는 이 주장은 서민가정 아이들의 직업교육을 위한 공적투자와 노력을 증가시킴으로써 기회의 불평등을 본질적으로 줄일 수 있다고 보는 것은 헛된 일임을 전제하고 있다. 실제로 사회적 출신이 직업적 성공에 미치는 영향은 신용시장이나 교육기회의 문제를 뛰어넘는다. 가령 어떤 졸업장의 경우, 사회적 출신이 직업경력을 통해 내내 영향을 미친다는 걸 통계적으로 관찰할 수 있기 때문이다[Goux et

Maurin, 1996]. 일반적으로 말해서, 교육수준이 전체 임금불평등의 일부밖에 설명하지 못한다는 사실은 대개 야심찬 교육정책을 통해 임금불평등을 종식시킬 수 있다고 믿고 있는 이들의 열정을 가라앉히기 위해 거론된다[Boudon, 1973]. 또 한편으로, 만약 학자금 융자가 주원인이라면 인적자본의 대물림 현상은 공적융자가 지배적인 유럽 국가들보다 민간금융이 주도하는 미국 같은 나라에서 더 높다는 사실을 입증해야 할 것이다. 그러나 교육수준의 가계 간 이동률은 소득수준의 가계 간 이동율과 마찬가지로[Erikson et Goldthorpe, 1992] 시간과 공간에 따라 거의 변하지 않는 것처럼 보인다[Shavit et Blossfeld, 1993].

가족의 역할과 교육비 대체로 교육 영역에 개입하는 것에 대한 회의적 주장들의 초점은 인적자본 불평등에서 가족 상속의 중요성을 부인하는 것이 아니다. 오히려 이 가족이 인적자본의 불평등을 불가피하게 지속시키는 데 핵심적 역할을 한다는 걸 보여주는 데 있다. 가족에 관한 베커의 이론은—그와 그의 제자들의 저작을 통해 알려진[Becker, 1991; Mulligan, 1996]—인적자본 투자의 중요성을 입증하기 위해 각 가정에서 자녀들을 위해 투자하고 있는 모든 선택을 강조하면서 어떤 형태로든 국가의 개입은 이런 선택들을 해칠 우려가 있다고 주장한다. 이것은 1966년 사회학자 제임스 콜맨(James Coleman)이 미국 정부에 제출한 그 유명한 보고서*가 세상을 떠들썩하게 했을 때부터 태동한 것이다. 이 보고서는 낙후된 소수집단의 교육에 관한 것으로 주요 골자는 낙후지역 학교에 대한 재정적 지원이 학교교육의 성과나 이들이 노동시장으로 통합되는 데 어떤 괄목할 만한 진보도 가져오지 못했다는 것이다. 콜맨의 결론과 그의 영향을 받은 수많은 연구들이 도출한 결론은 낙후 계층의 교육을 위해 그저 기계적으로 공적비용을 증가시키는 것은 실제 상황을 바꾸거나 문제를 해결하는 데 전혀 유익하지 않다는 것이다. 왜냐하면 바로 사회의 기본단위인 가정과 출신 환경 차원에서 불가피한 불평등이 형성되기 때문이다.

물론 불평등의 대물림 현상에 유전적 요소보다 '환경적' 요소가 더 큰 영향을 미친다는 점에는 누구도 이의를 제기하지 않는다. 1994년에 심리학자 리차드 헌스타인(Richard Herrnstein)과 정치학자 찰스 머레이(Charles Murray)는 '현대인들은 사회경제적 성공을 위해 끊임없이 지능의 불평등에 대항하느라 시간을 허비했다'고 선언하면서 신문의 1면을 화려하게 장식했다. 이들은 IQ가 매우 강력하게 유전된다는 주장을 옹호함으로써 자주 비난의 대상이 되곤 했다. 그러나 사실 이들은 사회문화적으로 몹시 낙후된 환경에서 태어난 아이들이 곧바로 교육수준이 더 높은 가정으로 입양되어 자랄 경우, 이 가정의 친자녀들과 똑같은 성공을 거둔다는 사실도 인정했다[Herrnstein et Murray, 1994, p.410~413]. 이러한 사례는 오늘날 시행되고 있는 무차별 입양에 관한 연구들이 잘 보여준다. 그러나 정말 중요한 쟁점은 이것이 아니다. 만약 지배적인 환경 요인이 가정환경, 특히 유년기의 가정환경(집 안에 비치되어 있는 책들, 부모님과의 대화 등)과 관련되어 있고 따라서 어떤 것도 이 가정에 대물림된 불평등을 개선할 수 없다면, 그 결과는 유전적 불평등의 결과와 별반 다를 게 없기 때문이다. 그러나 헌스타인과 머레이는 이들보다 30년 전에 콜맨이 그랬듯, 낙후된 환경에 투자된 교육 자원의 효과는 측정하기가 매우 힘들며, 따라서 여기에 열을 올리는 것은 부질없는 짓이라는 점을 강조한다.

만약 이 이론이 타당하다면 국가가 주도적으로 인적자본의 불평등한 분배를 개선하고자 애쓰는 것은 부질없는 짓일 것이다. 차라리 가용 자원의 주요 부분을 재정이전과 함께 부당한 생활수준의 불평등을 줄이는 데 사용하는 편이 훨씬 더 나을 테니까 말이다.

인적자본의 비효율적인 차별의 문제 이러한 결론들은 특히 미국에서 콜맨 보고서가 발표된 이후 수많은 논쟁을 불러일으켰다. 낙후 지역에 투자된 추가 교육비의 효과를 보다 나은 지표들을 이용해서 분석한 최근 연구들을 보면 이 결론들이 대체로 과장되었음을 알 수 있다[Card et Krueger, 1992]. 게다가 콜맨 보고서와 같은 결과물에 대해 몇 가지 다른 해석들도 존재한다. 예를 들어, 교육비용의 효과가 적은 이유는 단지 출신 가정환경만이 학교교육의 성패를 좌우하는 게 아니라 같은 학교 학생들과 인근 주거지역의 사회적 성분이 교육비용 자체보다 훨씬 더 지대한 영향을 미치기 때문이라는 것이다. 이 해석은 충분히 납득할 만하다.

바꿔 말하면, 학교교육의 성패는 교육자의 자질보다—특히 초, 중등교육 수준에서—학급 친구들의 '질'에 더 많이 좌우된다는 것이다. 예를 들어, 낙후된 교외지역에 교수자격증을 소지한 교수를 보내는 것은 학교교육의 성공을 현저히 개선할 가능성이 거의 없지만, 낙후된 교외지역의 고등학생들을 파리의 고등학교로 보낸다면 이들의 성공 가능성은 매우 커질 것이다. 이 예측은 미국 PSID(소득동향 패널연구)의 풍부한 가계 간 자료들을 통해 확인되었다. 이 자료들은 부모들의 교육수준과 소득수준이 일정하다고 할 때, 자녀들의 사회적 이동성(mobilité sociale)은 부모가 주거하는 지역의 평균소득에 따라 두 배까지 차이가 날 수 있음을 보여준다. 이 결과들은 오래전부터 학급 단위의 미시경제 차원에서 측정되어온 이른바 '국지적 외부효과(externalités locales)'가 이 불평등의 전체 역학에 실질적인 영향을 미칠 수 있음을 밝혀주었다[Cooper *et al.*, 1994].

따라서 콜맨 보고서와 같은 부정적 결과물은 낙후지역 학교에 대한 재원 재분배의 반대를 강화하고 자유방임정책을 권장하기보다는 예를 들어, 각기 다른 환경의 부모들로 하여금 의무적으로 자녀들을 같은 학교에 보내도록 하는-이 아이들이 실제로 함께 살도록 강요할 수는 없기 때문에-야심찬 학군제와 같은 더 급진적인 재분배 도구에 의존할 필요가 있음을 시사한다. 이러한 정책은 많은 국가에서 찾아볼 수 있지만 매우 축소된 규모로 시행되고 있다. 일반적으로 학군제는 학력의 극심한 편중 현상을 피하기 위해 부모들의 학교 선택에 제한을 가하는 제도이기 때문이다. 그러나 이것은 같은 구역에 거주하는 아이들을 같은 학교에 보내는 것에 불과하며 실제로는 오히려 사회적 혼합(brassage)을 가로막고 있다. 이 정책의 보다 급진적 버전이 1960~1970년대 미국의 몇몇 도시에서 시범적으로 실시되었다. 상류층 구역의 일부 아이들을 버스에 태워 낙후된 구역의 학교로 보내도록(또는 그 반대로) 하는 '강제버스통학(busing)' 제도가 바로 그 사례이다. 이것은 실제로 종종 피부색들을 뒤섞는 결과를 낳았다. 이러한 정책들은 시민 운동 캠페인의 정점이자 결말이기도 했지만, 반대로 상류층 부모들의 적개심도 대단했다. 이 적대감은 학부모들이 각 지역별로 자녀들의 학교와 커리큘럼과 교사들을 통제하는데 익숙한 미국과 같은 상황에서는 충분히 예상할 수 있는 일이었다.

그럼에도 불구하고, 자기 자녀를 학군제와 상관없는 다른 학교로 보내겠다는 부모들의 개인적 결정은 다른 아이들에게 상당한 영향을 미친다. 특히 기숙사 비용의 경우, 가격체계의 익명성 때문에 이 부모들은 자신의 선택이 다른 이들에게 초래하게 될 외부효과를 고려할 수 없게 된다. 이것은 여러 구역의 사회적 통합으로 상류층 아이들의 손해보다 빈곤층 아이들의 이익이 훨씬 많았던 경우조차도 기숙학교라는 개인적 선택이 결국 차별로 이어질 수밖에 없었음을 보여준다[Benabou, 1993]. 이론상으로는 모든 이들이 사회적 통합으로 혜택을 보는 것이 가능하다. 상류층 입장에서도 빈곤층이 교육받고 직업적으로 성공함으로써 자신들에게 돌아올 세금의 감소보다 사회적인 통합비용이 더 적게 들기 때문이다. 그러나 이러한 사회적 균형은 집단적인 강제 없이는 실현되기 어려울 것이다. 그러나 일정한 주거 밀집 지역에 위치한 각 학교에서 부모들의 평균소득을 의무적으로 균등화시키는 등의 간단한 규정은 장기적으로 볼 때 모두에게 실질적인 이득이 될 수 있을 것이다.

노동시장에서의 차별 인적자본의 비효율적 불평등을 초래하는 또 다른 사회경제적 메커니즘은 노동시장에서의 차별구조이다. 펠프스(Phelps, 1968)와 애로우(Arrow, 1973)가 발표한 이 이론은 원래 미국 흑인들에 대한 차별상황에서 전개된 것이지만 고용자가 피고용자의 개인적 신상을 파악할 수 있는 다른 모든 집단에도 적용될 수 있다. 예를 들어 여성들, 인도의 하위 카스트, 장기 실업자, 혹은 부정적 편견을 초래할 수 있는 모든 사회적 출신 등이 여기에 해당된다. 이 이론의 기본 발상은 매우 간단하다. 즉, 고용자 측에서 객관적으로 볼 때 어떤 사회적 집단이 고급 인적자본을 요하는 임무를 수행하는데 충분한 자격을 갖출 만한 기회를 다른 집단들보다 더 적게 가졌을 것으로 여긴다고 가정하는 것이다. 고용자들은 자신이 고용할 후보자들의 자격과 동기를 완벽하게 측정할 수 없기 때문에 시험이나 면접, 이력서와 같은 불완전한 표지를 근거로 채용을 결정할 것이다. 고용자들은 선험적으로 어떤 집단이 다른 집단보다 필요한 인적자본을 덜 갖추었을 것으로 보기 때문에 이 집단에 속한 후보자들의 시험 결과가 특출나게 좋지 않은 한 이들을 뽑지 않을 것이다. 다시 말해서, 이 집단의 구성원들에게 다른 집단보다 더 높은 빗장을 설치해놓고 이 빗장을 통과해야만 비로소 이들을 채용하게 될 것이다. 고용자들의 이 같은 관행에 맞서 차별당하는 집단 쪽에서는 어떤 반응을 보이게 될까? 이들은 고급 일자리에 채용될 가능성이 적기 때문에 대체로 인적자본에다 평균보다 더 적게 투자할 것이다. 말하자면 채용면접에서 특출한 결과를 얻을 수 있다는 확신이 없는 한 여기에 투자하지 않을 것이라는 말이다. 예컨대 자신의 능력과 가치를 확신하고 있는 이들만이 위험을 무릅쓰고 오랜 기간의 학업을 시도하고 채용면접을 집중적으로 준비하는 등의 노력을 기울일 것이다. 결국 이들의 반응은 고용자들의 예상을 타당한 것으로, 즉 이 집단의 인적자본 평균수준이 실제로 다른 집단보다 낮을 거라는 고용자들의 예상을 인정하는 쪽으로 나타날 것이다. 이처럼 두 집단이—가령 흑인들과 백인들이—처음에는 고급 인적자본을 취득할 수 있는 능력을 똑같이 지녔다 해도, 심지어 둘 중 하나가 더 낮은 사회적 출신 때문에 처음에 좀 더 낮은 능력을 지녔다 해도, 고용자들의 예상과 이 예상으로 인한 반응의 뒤틀린 상호작용은 이 두 집단이 획득한 인적자본과 고용의 불평등을 심화시키고 지속시킬 수 있음을 보여준다[Coate et Loury, 1993].

이 같은 인적자본의 불평등은 전적으로 비효율적인 것이다. 단지 고용자들의 '자기충족적 믿음(croyance autoréalisatrice)'에만 근거하고 있기 때문이다. 그러나 경제적 효율성은 이와 반대로 같은 능력을 지닌 집단들이 똑같이 인적자본에 투자할 것을 요구한다. 따라서 이것은 극도로 무익한 불평등이라 할 수 있다. 다른 측면에서 보면 이 불평등 이론은 일부 사회학 이론들과 유사한 점이 있다. 이 이론들에 따르면 불평등은 흔히 주류 담론의 산물로 낙후 집단의 사회적 상승 기회가 적다는 점을 강조함으로써 결국 이들을 좌절시키고 그대로 실현되어버리고 만다[Bourdieu et Passeron, 1964 ; 1970].

재정이전에 반(反)하는 소수집단우대 정책(affirmative action) 이 이론의 정치적 쟁점은 매우 중요하다. 만약 불평등의 상당 부분이 실제로 이런 유형의 뒤틀린 메커니즘에 의해 설명된다면 새로운 재분배의 도구들이 필요하기 때문이다. 예를 들어, 차별 이론은 차별받는 소수자들이 고용자들의 차별에 맞설 수 있도록 법적 처분을 규정하는 것이다. 이것은 자기충족적 믿음과 불평등의 악순환을 깨트리기 위한 것으로 고용자들로 하여금 채용이나 승진의 결정이 특정 사회집단에게 불리하게 작용하진 않았는지, 고용자들이 여러 소수집단에게 적용할 수 있는 쿼터제와 '긍정적 차별'이 객관적 기준에 근거한 것이었는지를 입증하도록 강제하는 형태로 제시될 수 있다. 바로 이것이 1970년대부터 미국에서 흑인들이나 여성들과 같은 소수집단을 보호하기 위해 급속히 확대되었던 소수집단우대정책의 전형이다. 고용자의 전횡을 막기 위해 전통적으로 노동권을 통해 전개되었던 시도들의 강화로 볼 수 있는 이 재분배 도구는 인적자본의 효율적 불평등을 옹호하는 이들이 권장할 만한 도구들과는 완전히 다르다. 이들의 주장은 인적자본의 공급탄력성이 허용하는 범위 내에서, 불행히도 인적자본을 너무 적게 가진 사회집단의 재정이전에 출자하는 것으로만 그치고 생산과정에 개입하는 것은 최대한 피해야 한다는 것이다. 예를 들어, 헌스타인과 머레이[1994]는 차별에 대한 사고 자체에 문제제기하면서 불평등이 지속되는 이유는 흑인 가정에서 대물림되는 낮은 IQ와 적은 인적자본 때문이라고 설명한다.

관찰된 사실들을 가지고 이 논쟁을 진전시킬 수 있을까? 비교적 자료가 많은 미국 흑인들에 대한 차별의 경우, 차별이론의 힘을 빌지 않고는 관찰된 사실들을 설명하기가 어려워 보인다. 프리먼(Freeman, 1973)은 1965년과 시민권운동 기간 이후 흑인과 백인 간 임금격차가 감소한 것은 부정적 편견과 집단적 좌절의 점진적인 약화로밖에 설명할 수 없음을 보여준다[Bound et Freeman, 1989]. 그러나 가장 좋은 사례는 아마도 1950년 이후 노동시장에서 여성들의 지위가 눈부시게 향상되었다는 사실일 것이다. 이것은 불평등을 초래하는 차별과 믿음과 담론의 중요성을 강조하는 이론에 근거하지 않고는 설명할 길이 없다. 서방국가에서 여성의 노동시장 참여율은 1950년에는 10~20%에 불과했으나 1980년대에는 50% 이상으로 증가했다[OCDE, 1985]. 노동시장에서 여성의 지위는 1980~1990년대를 거치며 꾸준히 향상되었다. 임금불평등이 전반적으로 증가하는 상황에서 미국 여성들의 평균임금은 대부분의 선진국에서처럼[OCDE, 1993, p.176~178] 남성들의 평균임금에 비해 20% 이상 증가했다[Blau et Kahn, 1994]. 그 어떤 재정이전 정책도 여성들의 경제적 지위를 이토록 현저하게 향상시킬 수는 없었을 것이다.

게다가 이토록 현저한 증가는 개인이 아닌 가계에 과세하는 앵글로색슨계 국가나 북유럽 국가들과는 달리, 프랑스의 가족계수(quotient familial)*제도처럼 여성들의 사회참여를 가로막는 '지중해연안' 세제를 고수하는 국가들에서도 나타났다. 이것은 흑백차별이나 남녀차별처럼 근거 없는 구별에 기반한 일부 불평등이 세상에 존재하는 어떤 재정적 재분배보다 소수집단우대정책이나 사고방식의 변화에서 훨씬 더 많은 영향을 받는다는 것을 보여준다.

그러나 불평등이 차별적 근거를 갖고 있다는 사실은 불

행히도 이것을 완화시키는 일이 항상 쉽지만은 않으며 완전히 없애는 것은 더욱 어렵다는 걸 암시한다. 예를 들어, 1990년대 미국의 소수집단우대정책으로부터 대다수 연구자들이 끌어낸 종합적인 평가는 가장 완화되지 않는 불평등, 특히 흑백 불평등에 관해 찬성표를 던지는 것이다. 사실, 고용자들이 일정 비율의 유색노동자들을 의무적으로 고용하도록 쿼터제를 도입하는 것은 오히려 흑인들에 대한 고용자들의 편견, 즉 '흑인들은 법적으로 강제할 때만 고용하게 되는 존재들이다'라는 인식을 강화시킬 수 있다. 또한 동시에 일반 시민들처럼 경쟁에 뛰어들고자 하는 흑인들의 의욕을 저하시킬 수도 있다. 이것은 이 정책이 지향했던 목표와 정확히 반대되는 것이다[Coate et Loury, 1993]. 이처럼 수많은 연구자들이 이 쿼터제를 고발했다. 소수집단우대정책이 보여준 가시적인 성공은 1980~1990년대 이후 사회복지 프로그램에 반대하는 보수적 반응을 끌어내는 데 크게 기여했다. 사실, 1970년대 이후 노동시장에서 흑인들의 지위가 상대적으로 하락한 것은 탈공업화가 흑인노동자들을, 특히 미북부에 정착한 이들을 정면으로 강타함으로써 초래된 일반적인 임금불평등 증가의 부산물에 불과했을 가능성이 크다[Wilson, 1987].

∷ 임금불평등의 사회적 결정

어떤 임금불평등은 인적자본의 감춰진 불평등만으로는 — 이것이 효율적으로 야기된 것이든 아니든 — 설명되지 않는다. 예를 들어, 이와 관련된 일부 주체들(노동조합, 고용자)은 인적자본의 수급 원리가 이끌어갈 임금구조를 자신들에게 유리한 방향으로 조작하려고 시도한다. 또 인적자본뿐 아니라 관련 요소 전체를 고려함으로써 노동자들의 의욕을 고취시킬 필요성 같은 것도 인적자본 이론을 심각하게 침해할 수 있으며, 여기에는 명시적으로 노동시장 가격을 조작하려는 주체들이 없을 경우도 포함된다. 이로 인한 임금격차는 경쟁 임금에 비해 좋은 것인가 나쁜 것인가? 이러한 임금불평등 형성과정은 근로소득 재분배의 문제제기를 어떤 식으로 수정하게 되는가?

임금형성과 노동조합의 역할

노동조합은 무엇을 하는가? 전통적인 경제 분석이 제시하는 답은 간명하다 : 노동조합은 임금결정에서 독점권을 행사한다. 노동조합 독점권이란 노조가 대다수 노동자들의 이익을 위해 임금 수위를 결정하는 데 참여할 수 있도록 법적으로 보장된 권리를 말한다. 따라서 어떤 노동자가 단독으로 자신의 노동을 더 낮은 가격에 제공하는 것은 불가능하다. 그러나 독점상황에 처한 기업이 고객의 일부를 잃더라도 이를 감수하고 제품의 가격을 올리듯, 노동조합은 고용수준이 낮아지더라도 노조가 없을 때 제시되었을 임금보다 더 높은 액수를 요구하기 위해 이 독점권을 사용할 것이다. 그러나 이 답변은 한 가지 사실을 간과하고 있다 : 노동조합은 단지 전체적인 임금인상을 위해서만 싸우는 게 아니라, 급여표(각기 다른 기능과 경력을 토대로 임금수준을 강제적으로 명시하는 호봉급여표)를 이용해 기업 내 임금 위계를 줄이기 위해서도 싸운다는 사실이다[Freeman et Medoff, 1984].

어찌됐건, 요점은 근로소득 수준을 전반적으로 증가시키고 노동자 간 불평등을 줄이기 위해 노동조합이 사용하는 도구들은 효율적인 재분배의 도구가 아니라는 것이다. 우리는 앞서 거시적인 차원에서 자본과 노동 간에, 또 여러 유형의 노동 간에 대체가능성이 존재하는 이상, 노동가격과 인적자본의 조작을 거치는 모든 재분배는 비효율적인 것임을 살펴보았다(2, 3장). 노조 활동이 왕성히 이루어진다면 기업들은 불가피하게 더 많은 자본과 더 적은 노동을, 더 많은 숙련노동과 더 적은 미숙련노동을 이용하게 될 것이기 때문이다. 중요한 것은 재정적 재분배의 수단을 통해, 즉 저임금자들을 위한 재정이전에 출자하도록 고임금자들에게 세금을 부과함으로써 보다 효율적인 방식으로 이와 똑같은 재분배를 실현하는 것이 언제든 가능하다는 것이다. 오직 이 재분배만이 기업이 지불한 가격과 노동자들이 수령한 가격을 분리시켜주기 때문이다. 따라서 문제의 관건은 자본·노동 간 재분배나 노동자 간 재분배의 규모를 가늠하는 것이 아니라—이 문제는 또 다른 요소들에 달려 있음을 보았으므로—어떤 수단을 통해 재분배를 실시해야 하는지를 아는 것이다. 그렇다면 노조가 임금 수위를 결정하는 데 행사하는 독점권은 축소되어야 하는가?

노동조합은 재정적 재분배의 대체물이 될까? 첫 번째 답변은 노조의 힘을 축소시키는 것은 노조가 실시한 비효율적인 재분배를 국가 주도의 효율적인 재정적 재분배로 대체할 수 있을 때만 비로소 재분배의 효율성을 개선할 수 있다는 것이다. 그러나 현실적으로는 이 재분배의 규모에 관해 완벽한 합의가 이루어지지 않는다. 가령, 현 정부가 최고급 간부의 생활비를 월 4,575유로로 책정한 네 반해,-이것만이 고급 기능을 획득하고자 하는 의욕을 유지시키는 유일한 방법이라고 보기 때문에-말단 종업원의 생활비는 760유로로 책정하고 이것을 정당한 것으로 여긴다고 가정하자. 그런데 노조는 여기에 동의하지 않고, 이 종업원은 월 1,525유로를, 간부는 월 3,810유로를 받아야 마땅하다고 여긴다면, 이때 노조가 협상할 수 있는 유일한 방법은 이 결과를-아니면 최소한 이에 근접한 결과라도-가져올 수 있는 새로운 급여표를 고용자 측에서 받아들이도록 자신들의 힘을 행사하는 것뿐이다. 당연히, 간부들의 세금을 760유로 올려서 종업원 당 760유로의 재정이전에 출자하는 편이 더 나을 것이다. 이로써 기업은 종업원들의 임금을 인상하고 간부들의 임금을 인하하는 것을 피할 수 있기 때문이다. 그렇지 않으면 기업들은 불가피하게 종업원은 더 적게, 간부는 더 많이 채용하게 될 것이므로 실업률이 높아질 것이다. 그러나 노조에게는 세금과 이전지출을 변경할 수 있는 권한이 없다. 역사적으로 보면 이런 유형의 갈등은 노조의 존재 이유이기도 하다. 노조의 눈에 국가가 재분배 역할을 제대로 수행하지 않는 것으로 보이면, 이들은 사회투쟁과 자신들이 사용할 수 있는 직접적 재분배 수단을 통해 이 역할을 대신하기 때문이다.

뿐만 아니라 이 수단들이 사실상 재정적 재분배의 도구들에 비해 몹시 제한적이라 해도 종종 사람들의 눈을 속일 수도 있다. 여기서 또 다시 2장에서 언급된 역사적 시간과 정치적 시간 사이의 갈등이 나타난다. 사실, 지금껏 어떤 재정적 재분배도 자본·노동 간 재분배에서처럼 그렇게 노동자들 사이의 불평등을 가시적이고 대대적으로 줄이지는 못했다. 기술적인 측면에선 아주 오래전부터 가능했을지라도 말이다. 역사적으로 볼 때, 대대적인 재정적 재분배는 그 사례가 드물며 대체로 노동자 간 통화이전이 아닌 사회적 지출 형태를 띠고 있다(4장). 무엇보다도 이 재분배는 항상 아주 느리게 정착되었으며, 사회정치적 투쟁에는 거의 적합하지 않은 장기간을 통해서만, 쉽게 말해서 정해진 가계의 삶에서는 아무 의미도 없을 정도로 오랜 기간을 통해서만 그 효과가 감지되었다.

비교하자면, 임금 조작을 통해 직접 실행된 비효율적인 재분배의 효과가 훨씬 더 가시적이다. 가령, 노조가 사회적 상황을 주도했던 1968~1983년까지 SMIC의 실구매력은 92%가량 증가한 반면, 평균임금은 65%밖에 오르지 않았다. 이것은 프랑스의 임금 'P90/P10' 비율을 4.2에서(1967년)에서 3.1로(1983년) 줄이는 데 일조했다(1장, INSEE[1996a, p.44, 48]). 마찬가지로, 1970년대 서방에서 임금불평등이 가장 크게 증가했던 두 국가인 영국과 미국이 특히 정권의 공세 때문에 노조의 힘이 가장 약했던 두 국가였다는 것은 명백한 사실이다.

이 시기에 직장을 가진 노동자들 사이의 임금불평등은 노동조합 커버율(단체협상에 의해 보장된 임금 비중)이 비교적 높은 서방국가에서는 – 엄밀히 말하면 영국이나 프랑스에서처럼 노조가입률은 떨어졌을지라도 – 비교적 안정된 상태를 유지했다. 이것은 1970년대 이후 서방국가들의 임금불평등 변화가 보여주는 대조적인 양상을 설명하는 주된 요소와 관련되어 있다. 이 요소는 인적자본과 편향된 기술발전 이론의 기초 버전에서는 완전히 무시된 것으로 관찰된 격차들을 20~40%가량 설명해줄 것이다[Card, 1992 ; Lemieux, 1993]. 이러한 노동조합 재분배는 고용창출 측면에서 보면 분명 공짜가 아니었을 것이다. 그러나 중요한 것은 미국과 영국이 노조에 의한 비효율적 재분배를 보다 효율적인 재정적 재분배로 대체하지 않았다는 사실이다. 왜냐하면 노조가 오히려 재정적 재분배를 줄여주는 역할을 했기 때문이다. 이런 상황에서는 노동조합이 재정적 재분배의 대체물로 기능할 수 있을 것이다.

노동조합은 경제적 효율성의 요인이 될까? 과연 노조의 힘을 축소해야 하는가에 대한 두 번째 답변은 노조가 때때로 경제적 효율성을 좌우하는 요인이 될 수 있다는 것이다. 전통적으로 거론되는 노조의 긍정적 역할은 당연히 노동자들의 대표기구로서 이들이 기업 내에서 제시할 수 있는 최상의 의사소통수단이라는 점이다. 그러나 노조와 협상을 통해 주어진 강제적인 호봉급여표가 어떤 상황에서는 그 자체로 긍정적일 수 있다. 예컨대 인적자본의 기초 이론은 어떤 노동자가 소유한 기능과 노동습관이 항상 모든 기업들 중 최고입찰자에게 팔릴 수 있는 보편적 가치를 갖는 건 아니라는 점을 간과하고 있는 듯하다.

어떤 인적자본의 가치가 관련 기업에만 특별한 것이라는 사실은 인적자본 시장이 실제로는 결코 완전히 경쟁적일 수 없다는 결론으로 이끈다. 어떤 노동자가 정해진 일자리에 필요한 기능을 갖추기 위해 노력과 투자를 하고 나면, 기업은 그가 가져오는 수익보다 턱없이 낮은 임금을 지불할 수도 있다. 또 다른 기업에서는 이 노동자가 자신의 기능을 온전히 발휘할 수 없기 때문이다. 이 노동자는 여기서 자신의 인적자본에 대한 투자가 수용되기를 기대하면서, 투자의 결실이 확실히 보장된다면 최대한 발휘했을 기능을 다 쓰지 않고 자제하게 될 것이다. 따라서 이 기업이 사전에 최저임금 하한선을 정해놓는다면 효율적인 투자들이 무시되는 것을 피함으로써 이 문제를 해결함과 동시에 경제적 효율성을 향상시킬 수 있을 것이다. 쉽게 말해서, 이 기업이 어떤 특수한 일자리를 차지하고 있는 자격을 갖춘 노동자에게 지불해야 하는 임금이나 임금 간격을 미리 정해놓는다면 잠재적 노동자들이 애써 획득한 기능을 고용자에게 수용당할 염려 없이 더 많은 특수한 인적자본을 얻으려고 노력하게 될 것이라는 말이다.

이런 현상은 특정 인적자본의 경우로만 한정되지 않는다. 사실, 강제적인 급여표에 의해 제시된 인턴고용계약은 기업 자체가 노동자들에게 투자하고 여기서 이익을 얻도록 해줄 수 있다. 예를 들어, 많은 독일 기업들이 직업교육과 훈련을 위해 매우 비싼 시설과 기관에다 출자하고 있다는 사실은 타국 연구자들을 언제나 깜짝 놀라게 한다. 더욱이 이 연수생들 쪽에서는 대체로 출자에 대한 부담도 없고 이 기업에 반드시 남아야 할 의무도 없으며, 심지어 연수의 핵심내용이 다른 기업에서도 충분히 활용될 수 있는 일반적인 것이라는 사실을 감안하면 더욱 놀라지 않을 수 없다. 가장 설득력 있는 설명은 동일 산업부문 전체에서 채용임금과 표준화된 임금인상이 의무화되어 있다는 것이다. 이로써 기업들은 자신의 연수생들이 교육을 받는 뒤 다른 기업으로 빠져나가지 않을 것이라는 것을 보장받을 수 있게 된다[Harhoff et Kane, 1994].

따라서 임금 관계에 내재된 이 모든 특성들(특수한 인적자본, 제한된 고용계약 능력 등)은 다음과 같은 결론을 낳는다. 노동시장의 효율적 기능은 기업들에게 강제적인 급여표라는 형태로[Piketty, 1994, p.788~791], 다시 말해서 직업교육의 관점에서 시장의 비효율성을 바로잡을 수 있는 공적개입의 형태로 집단적인 규제를 강요할 수 있다[Booth et Snower, 1996]. 따라서 이론적으로 볼 때, 일부 국가에서 엄격한 급여표를 고수하는 것은 단지 임금불평등의 증가를 억제하는 값비싸고 비효율적인 수단에 불과한 게 아니라 인적자본에 대한 새로운 투자를 장려함으로써 미래의 인적자본 불평등을 억제할 수도 있는 것이다. 그럼에도 불구하고 분명한 사실은 경험적인 추가 검증 없이는 이 주장들이 어떤 경우에도 강제적인 급여표에 일관된 정당성을 부여할 수 없다는 것이다. 예를 들어 1970년 대 이후 일부 서방국가에서 임금불평등의 증가를 피할 수 있도록 해주었던 엄격한 급여표가 미래의 고용과 임금을 위해 유용한 투자를 실현시켜주었다는 사실을 설득력 있게 입증할 만한 것은 아무것도 없다.

고용자들의 수요독점권

임금의 경쟁구조를 조작할 수 있는 노동조합의 독점권을 인정하면서도 이를 규탄하는 것이 관례라 해도, 고용자들이 때때로 여기에 대응하는 힘을 행사할 수 있다는 견해는 선뜻 받아들여지지 않는다. 그러나 고용자들의 전횡에 맞서 노동자들과 노조가 힘으로 응수해야 한다는 견해는 매우 일반적인 생각이다. 경제학자들의 용어를 빌자면, 노조 독점권에 대응하는 논리적인 용어는 고용자들의 수요독점권이 될 것이다. 흔히 일정한 재화의 판매자가 단 한 명뿐인 독점 상황과는 반대로, 일정한 재화를 구입할 수 있는 구매자가 단 한 명밖에 없을 때 이를 수요독점 상황이라고 한다. 공급독점 상황에 있는 판매자가 고객들이 자신의 제품을 더 적게 사게 되더라도 경쟁가격보다 더 높은 가격을 매기는 것처럼, 수요독점 상황에 있는 구매자는 공급자들이 자신에게 더 적은 양의 제품을 팔게 되더라도 경쟁가격보다 낮은 가격을 지불하게 된다. 따라서 경쟁가격의 조작은 설령 이것이 구매자나 판매자에게 이익이 된다 할지라도 항상 거래량을 감소시키게 된다. 노동시장의 경우, 수요독점 상황에 있는 고용자는 일부 노동자들의 의욕을 꺾고 그 결과 고용수준이 저하되더라도 경쟁가격보다 낮은 임금을 제시할 것이다.

상황이 이러하다면 중요한 건 재분배의 결과일 것이다. 여기서 재정이전의 힘을 빌어 노동자들의 운명을 개선하고자 하는 것은 오히려 비효율적이다. 이 이전이 고용자들의 소유가 되어 임금을 낮추는 데 이용될 것이기 때문이다. 이와 반대로 효율적 재분배의 골자는 기업들이 지불한 임금이 경쟁임금에 가깝도록 법적 최저임금을 올리는 것이다. 이것은 노동공급에 다시 활력을 불어넣음으로써 총고용 수준을 높여줄 것이다. 따라서 통상적인 결론과는 달리 여기서는 직접적 재분배가 재정적 재분배보다 더 우월한 것이 된다. 이 직접적 재분배가 뒤에 이어질 재정적 재분배에 앞서 노동시장의 경쟁적 균형을 회복시켜줄 것이기 때문이다. 그렇다면 이것은 노동자들의 생활수준을 향상시키는 동시에 실업을 줄이는 것이 가능할 것이기 때문에 재분배를 위한 최고의 환경이 될 것이다. 심지어 과세신고소득(revenu fiscal)을 단 한 푼도 사용하지 않고!

고용자들은 왜 수요독점권을 이용하는가? 수요독점권은 특수한 인적자본으로 인해 발생할 수 있다. 이 인적자본은 노동자들이 같은 고용자에게 자신의 노동을 계속 제공해야 하는 상황을 전제하고 있다. 이것은 대개 지리적 이동성과 또 다른 일자리에 대한 정보부족으로 노동자들이 단 하나뿐인 고용자의 뜻에 따를 수밖에 없는 상황에서 발생할 수 있다. 쉽게 말해서, 수요독점권은 유력한 고용자 집단이, 아니 모든 고용자들이 노동자들에게 자신들이 원하는 임금을 강요할 수 있도록, 말하자면 또 다른 고용자가 이 임금을 무시하고 독자적인 임금을 제시할 수 없도록 서로 연합하고 있다는 사실에서 비롯될 수 있다. 그러나 연합된 자본가들이 노동자들에게 독단적으로 임금불평등을 강요한다는 견해는 경험적으로 볼 때 타당성을 인정하기가 어렵다. 예컨대 1970년 이후 미국의 임금불평등 증가를 이런 식으로 설명하고자 하는 것은 헛된 일처럼 보인다. 오히려 여기서 눈여겨봐야 할 특징은 이 증가가 극도로 경쟁이 심한 노동시장에서 발생했다는 점이다. 변호사, 의사, 경영인의 보수는 1970년 이후 자본가들이 집단적으로 노동계를 분리해버린 탓에 더 이상 급증하지 않았다. 그러나 이와 반대로 기업들은 개인들과 마찬가지로 끊임없이 더 높은 보수를 제공하고 이들을 스카우트함으로써 이들의 서비스를 얻기 위해 다투어야 했다. 이것은 결코 이 과정에서 생기는 생활수준의 불평등을 받아들여야 한다거나 이 과정을 완전히 효율적인 것으로 간주해야 한다는 의미가 아니다. 오히려 고용자들의 수요독점 가설이 관찰된 사실을 납득시키는데 적합한 설명모델이 아니라는 것을 의미한다.

최저임금의 인상이 고용수준을 증가시킬 때 그러나 수요독점 가설이 임금불평등의 총체적 변화를 설명해주지 못한다고 해서 이런 유형의 현상들이 지리적 이동성이 거의 없는 미숙련인력과 관계된 노동시장에서 국지적으로 존재할 수 없다는 걸 의미하지는 않는다. 1990년대 초부터 미국의 몇몇 연구들은 특히 카드(Card)와 크뤼거(Kruegar, [1995])의 책과 함께 이 논쟁에 다시 불을 붙였다. 1980~1990년대 미국 일부 주(洲)들의 법적 최저임금을 토대로 한 이 연구는 최저임금 인상이 고용에 미치는 효과는 대체로 긍정적이었으며 어쨌든 거의 영향을 미치지 않는다는 것을 실증적으로 보여주었다. 널리 알려진 뉴저지 패스트푸드점들에 관한 연구를 돌이켜보자. 이 주는 1992년 최저임금이 인상된 이후 총고용도 함께 증가했다[Card et Krueger, 1995, 2장]. 이 연구의 추진자들 중 한 명인 래리 카츠(Larry Katz)는 클린턴 1기 행정부에서 노동부 수석 경제분석가였으며, 실제로 이 연구는 1996년 연방최저임금을 20% 이상-시간당 4.15달러에서 5.20달러로-인상하는 클린턴 대통령의 결정에 지대한 영향을 주기도 했다. 이 결정은 1980~1990년대 초, 연방최저임금의 구매력이 25% 이상 감소했던 기간에 이어 발표된 것이라 더욱 주목을 끈다.

그럼에도 불구하고, 최저임금 인상으로 인한 긍정적 효과의 정확한 원인에 관해서는 여전히 논란이 되고 있다. 혹 이것은 가장 기초적인 수요독점 이론에 따라, 지리적 이동이 적은 미숙련노동인구가 패스트푸드점들의 지역카르텔에서 일방적으로 제시한 임금을 받아들였고, 그 결과 최저임금 인상은 이 음식점들의 노동수요를 줄이지 않고 기술이 없는 젊은이들을 일터로 나가도록 격려함으로써 노동공급을 활성화시킬 수 있었던 그런 경우가 아닐

까? 또 다른 연구들은 고용수준이 증가한 이유는 최저임금 인상이 보다 더 숙련된 인력을 끌어들였기 때문이라고 주장한다. 고등학교를 졸업한 보다 더 숙련된 젊은이들이 보다 덜 숙련된 젊은이들을 대신하게 되었다는 것이다 [Neumark et Wascher, 1994].

어쨌든 분명한 사실은 법적 최저임금이 1980년대 말부터 1990년대 초의 미국만큼 낮아지게 되면, 미숙련노동을 요하는 고용은 매력이 크게 떨어지게 되므로 이때 최저임금을 올리는 것은 노동공급을 활성화시키고 고용수준을 올리는 데 기여할 수 있다는 것이다. 따라서 노동시장, 즉 인적자본 시장에서 지역적인 수요독점 가능성이 존재한다는 사실은 고용자들이 어디서나 어떤 한계 이상으로 이 상황을 악용하지 못하도록 해당 주(州)에서 법적으로 최저임금을 제정하는 것에 정당성을 부여하기에 충분하다.

능률 임금과 적정 임금

만약 독점상황의 노동조합도, 수요독점 상황의 고용자도, 최저임금도 없고, 자유경쟁 원리에 어떤 가시적인 불완전함도 존재하지 않는다면, 기업들이 각기 다른 수준의 노동에 지불한 임금은 인적자본의 기초이론에 따라 오직 수급 원리에 의해서만 정해지게 되는가? 노동시장에 자신들이 얻어낼 수 있다고 여기는 임금을 요구하는 노동조합, 자신들이 줄 수 있다고 여기는 임금을 받아들이도록 강요하는 고용자들, 그리고 이 둘 사이를 중재하면서 정부가 제시하는 재분배를 받아들이게 하려는 국가라는 존재가 불가피하게 공존하는 한, 이것은 터무니없이 엉뚱한 말로 간주될 수 있다. 그러나 과연 이런 규정들(노조의 파업권이나 고용자들이 신규채용을 할 수 없는 것 등)이 가끔 경쟁 임금에서 벗어날 수 있는 수단으로 노조에게 부여된 합법적 권리인지, 또 이런 권리들이 없을 경우―최소한 부분적으로라도―이 격차가 지속될 것인지를 아는 것은 유용한 일이다.

경쟁 임금보다 더 낮은 임금 제공이 금지되어 있는 경쟁 상황에서, 고용자들은 왜 더 높은 임금을 제공하는 쪽을 선택하는 것일까? 이 노동자들로부터 더 많은 걸 얻어낼 수 있기 때문이다. 예를 들어, 고용자 측에서 어떤 노동자가 성실하게 제 역할을 수행하는지 항상 감독하는 것은 불가능하다고 가정해보자. 이 노동자에게 시장 임금보다 더 높은 보수를 준다면 그의 의욕은 한층 더 높아질 것이다. 이 노동자는 이제 자신이 해고될 경우 대단한 걸 잃게 되리라는 걸 잘 알고 있기 때문이다. 실제로 통제하기가 더 어려운 분야나 고용에서 인적자본의 차이로는 설명될 수 없는 임금격차를 뚜렷이 확인할 수 있다[Krueger et Summers, 1988]. 1980~1990년대 유럽 국가들의 실업을 분석하기 위해 자주 이용되는 이 이론은(Phelps, 1993) 모든 기업들이 노동자들의 의욕을 더욱 고취시키기 위해 임금을 인상한다면 고용수준은 낮아질 것이라는 걸 암시한다. 따라서 이 노동자들의 의욕을 고취시키는 것은 다시 일자리를 찾을 때까지 견뎌야 하는, 바로 실업에 대한 두려움이라고 볼 수 있다. 이 능률급 모델의 주요 이형(異形)은 해고되지 않거나 임금의 일부를 삭감당하지 않으려는 의지와는 상관없이, 노동자들은 자신에게 지급되는 임금이 정당하다고 여길 경우 더 협조적인 태도를 취할 수 있다는 것이다. 이 경우, 기업 입장에서는 고용량이 줄고 실업이 발생하더라도 정당한 임금에 근접한 액수를 지불하는 것이 오히려 득이 될 수 있다[Akerlof et Yellen, 1990]. 정당함에 대한 개인적 인식은 대체로 실질적인 임금수준 결정에서 매우 중요한 역할을 한다[Kahneman *et al.*, 1986 ; Bewley, 1994]. 이때 실업은 노동조합이 없을 경우를 포함한 분배 갈등의 결과로 분석될 수 있다. 이 모델들이 재분배에 미치는 영향은 직접적이다. 재정적 재분배는 직접적 재분배의 비효율성을 완화하기 위해 저임금자들의 공제를 경감시켜주고 이것을 기업이윤과 고임금자들에게 전가함으로써 틀림없이 정당한 재분배에 가까워질 것이다.

국민적 전통과 임금불평등 보다 일반적으로 말해서, 인적자본 이론은 각기 다른 유형의 기능들이 생산에 기여하는 바를 매순간 측정할 수 있으며, 따라서 인적자본은 언제나 측정가능한 객관적 근거를 갖고 있다는 생각에 기초하고 있다. 차별 상황과 특수한 인적자본에 관한 예들은 이 세계가 이론보다 훨씬 복잡하다는 것을 보여준다. 즉, 각기 다른 인적자본의 생산성 변화는 종종 상당한 변동의 여지가 있으며 여기에는 불평등을 바라보는 각기 다른 인식들, 특히 고유한 민족사에서 비롯된 인식들이 표출될 수 있다는 것이다.

예를 들어 로뎀버그[Rothemberg, 1996]가 주장하듯, 임금불평등은 노동자들이 고용자 측에서 자신의 생산성을 제대로 평가해줄 가능성이 크다고 여길 때 증가한다. 왜냐하면 생산성이 낮게 평가된 이들은 자신의 처지를 그대로 받아들이는 반면, 생산성이 높게 평가된 이들은 다른 곳으로 떠나겠노라 협박하면서 오히려 경쟁을 끌어들이기 때문이다. 완전히 분권화된 이 과정은 1970년대 이후 '자본주의에 대한 신뢰'가 가장 공고했던 앵글로색슨계 국가에서 왜 임금불평등이 가장 높았는지를 설명해줄 수 있다. 1970년대 이후 미국의 임금불평등 증가에서 특히 지도층 간부들의 보수가 급증하는 양상을 띠었다는 사실은 [Goolsbee, 1997 ; Feenberg et Poterba, 2000] 이 이론의 타당성을 입증해주는 것처럼 보인다. 이 간부들의 실제 생산성이 갑자기 그처럼 대폭 증가했을 거라고는 보기 어렵기 때문이다.

마찬가지로, 1960년대 말과 1970년대 초에, 프랑스가 서방세계에서 임금이 가장 불평등한 국가가 된 이유는 - 1967년 임금 'P90/P10' 비율 4.2를 기록하면서 - 불평등을 바라보는 프랑스인들의 고유한 인식을 고려하지 않고는 설명하기 어렵다. 사실, 프랑스 내에서는 이 시기에 인적자본 불평등이 다른 국가들에 비해 높다는 것이 별로 대수로운 일은 아니었을 것이다. 물론 1976년 OECD 보고서(1970년대 초반 기준)가 프랑스를 서방세계 불평등 순위의 정상에 올려놓았을 때 프랑스 정부의 발끈했던 반응이 말해주듯, 이 사실을 정말 그렇게 대범하게 받아들인 적은 없었을지라도 말이다. 이것은 그랑드제콜 출신의 간부와 일반노동자 사이를 가르는 현저한 생산성 격차를 언제든 과대평가할 준비가 되어 있는 '공화국 엘리트주의'의 심화된 형태라고 볼 수 있다. 여기에는 이 두 사람이 초등학교에 입학하는 순간부터 학업을 마칠 때까지, 폴리테크닉 공대생의 교육비가 일반학생의 교육비보다 10배 이상 더 드는 것에 대한 암묵적인 인정이 전제되어 있다. 이러한 실력본위 교육(méritocratie éducative)에 대한 프랑스인들의 신념은 일단 그 졸업장을 받고 나면 임금 격차가 매우 확고히 굳어진다는 사실에서도 잘 드러난다. 독일의 경우 프랑스에 비해 임금 유동성이 훨씬 더 크다[Morrisson, 1996, p. 111]. 이것은 프랑스보다 더 공평한 것이지만 상대적으로 임금이 낮은 이들에게는 더 큰 동기부여가 될 수 있을 것이다.

물론, 역사적으로 주요한 불평등에 비하면 국가별 변동의 폭은 좁은 것이라고 볼 수 있다. 그러나 이것이 오늘날 연구자들에게는 종종 가장 놀라운 관찰 대상이 되곤 한다. 특히 독일의 직업교육과 인력관리 체계나 프랑스의 엘리트 교육이 보여주듯, 실제 제도상의 차이로 표출되면 이 차이는 각 사회 안에 자리잡고 있는 고유한 인식에 의해 확대·왜곡되어 그 국가의 불평등 역사를 결정짓게 된다. 인적자본의 기초이론은 이 역사를 충분히 설명할 수 없고 재정적 재분배는 겨우 피상적으로만 다룰 수 있을 뿐이다.

또 하나 덧붙여야 할 사실은 최신 연구들이 보여주듯, 1980년대 이후 미국에서 임금불평등이 급상승한 이유는 대부분 지도급 간부들의 보수 급등과 관련되어 있으나, 이 괄목할 만한 현상은 당사자들의 상대적인 생산성 변화를 통해서는 설명하기 어렵다는 점이다. 좀 더 신빙성 있는 설명은 1930~1980년까지 70~80%에 달하거나 이를 초과했던 초고소득에 대한 높은 과세율이 대폭 인하함으로써 여기에 고무된 간부들의 협상력과 자신들의 고유한 임금을 고정시키는 능력이 증대했다는 것이다. 이것은 세금에 앞서 세제(稅制)가 임금과 불평등의 형성에 어떤 영향을 미칠 수 있는지를 보여주는 흥미로운 예라고 할 수 있다[Piketty, 2013 ; Piketty, Saez et Stantcheva, 2014].

04

재분배의 도구들

앞서 2장과 3장에서는 적합한 재분배 도구를 확인하기 위해서는 그러한 불평등을 초래한 사회경제적 메커니즘을 이해하는 것이 무엇보다 필수적임을 보여주고자 했다. 4장에서는 가장 중요한 도구들을 오늘날 재분배 사례와 대조해가며 보다 심층적으로 분석할 것이다. 이를 위해 서론에서도 소개했고 앞서 두 장(章)에서도 수차례 언급했던 두 가지 유형의 재분배, 곧 기초적 재분배와 효율적 재분배로 구분해서 살펴보고자 한다.

∷ 기초적 재분배

　기초적 재분배의 도구로 선호되는 것은 재정적 재분배이다. 이것은 조세와 이전지출을 통해 가격체계의 할당 역할을 최대한 보호하면서 초기부존자원의 불평등과 시장원리가 초래한 소득불평등을 바로잡을 수 있게 해주기 때문이다. 이 장에서는 근로소득의 재정적 재분배를 중심적으로 살펴볼 것이다. 자본소득의 과세와 재분배는 근로소득에 비해 그 비중이 제한적일 뿐 아니라 앞서 분석했던 특수한 문제들을 제기한다(2장).

재분배의 평균세율과 한계세율

　오늘날 각 국가에서 시행되고 있는 재정적 재분배는 어떻게 측정할 것인가? 오늘날의 재정적 재분배는 사실상 조세(소득세, VAT, 사회적 분담금 등)와 이전지출(가족수당, 실업수당, RMI, 퇴직연금 등) 그리고 국가가 직접 부담하는 비용(의료, 교육 등)으로 이루어진 복합체라고 할 수 있다. 한 국가의 조세와 이전지출의 크기를 가늠할 수 있는 가장 일반적인 방법은 PIB에서 조세총액이 차지하는 비율(%)을 알아보는 것이다. 흔히 미국이나 영국은 의무 조세 비율이 PIB의 30~35%를 차지하고, 독일이나 프랑스는 PIB의 45~50%, 북유럽 국가들은 PIB의 60~70%를 차지한다고들 말한다. 그러나 이런 식의 측정은 매우 미흡한 것이다. 조세와 이전지출과 각종 비용이 어떻게 분배되는지에 관한 어떤 정보도 주지 않기 때문이다. 게다가 국가마다 회계 관례가 달라서 측정된 수치들을 전혀 비교할 수 없는 경우도 허다하다. 가령, 스웨덴을 비롯한 몇몇 북유럽 국가들은 퇴직연금과 국가에서 지급한 대부분의 소득이 별개의 소득으로 과세되어지는데, 이것은 완전히 작위적인 방식으로 PIB의 조세 비중을 10%가량 증가시킨다. 프랑스에서는 이 증가액이 전적으로 연금수령자들의 분담금 인상을 통해 부담되기 때문에 결국 퇴직연금을 인상하게 된다. 그렇게 되면 시행된 재분배는 결국 무효가 되고 말 것이다!

재정적 재분배를 정확하게 측정할 수 있는 유일한 방법은 조세와 이전지출의 평균유효세율(taux moyen effectif)과 한계유효세율(taux marginal effectif) 개념을 이용하는 것이다. 평균유효세율은 모든 조세와 이전지출의 합계를 총소득, 즉 조세와 이전지출을 포함한 전체 소득의 비율로 나타낸 것이다. 이것은 지불한 조세의 합계가 받은 이전지출의 합계보다 많거나 적음에 따라 각 소득자들에게 긍정적이거나 부정적일 수 있다. 한계유효세율은 일정한 두 소득 중 하나에서 다른 하나로 이행할 경우, 개인이 지불하거나 받아야 할 추가 조세와 이전지출의 합계를 총소득의 차액 비율로 나타낸 것이다. 한계유효세율은 대체로 모든 이들에게 긍정적이다. 왜냐하면 총소득의 증가가 주로 조세의 증가로 이어지기 때문이다. 그러나 이론상으로는 더 높은 소득은 더 높은 이전지출, 즉 더 적은 세금을 내게 되므로 부정적일 수도 있다.

이 평균세율과 한계세율은 분자(分子)에 모든 조세와 이전지출을, 아니면 최소한 이 가운데 주요 항목들을 고려할 때만 효과적이다. 특히 고용자분담금을 비롯한 모든 사회적 분담금은 반드시 포함되어야 할 항목이다. 앞서 우리는 고용자분담금이 노동 측에 어떠한 자본 재분배도 실행하지 않았으며 실제로는 그 비용은 언제나 노동 측에서 지불했음을 보았다(2장). 이상적으로는 공적지출에 포함되어 있는 비통화성 이전도 감안해야 할 것이다. 다음 〈그래프2〉는 1996년도 프랑스의 임금분배 십분위수에 적용

그래프2 프랑스의 평균유효세율과 한계유효세율(1996)

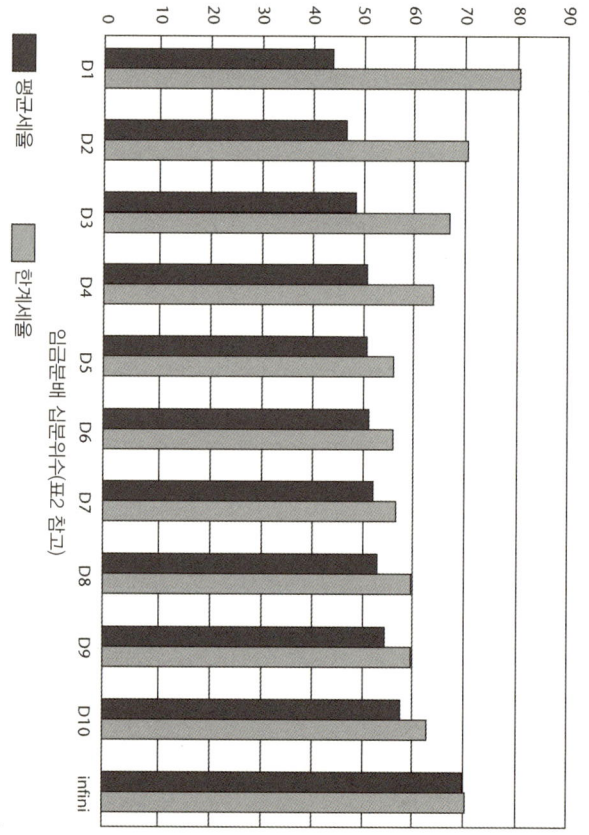

출처 Piketty(1997)

할 수 있는 평균유효세율과 한계유효세율을 나타낸 것으로 1인 기준의 소득세와 사회적 분담금, 그리고 사회복지 수당(RMI, 주택수당 등)을 고려한 것이다[Piketty, 1997].

노동자 간 재분배의 부재 〈그래프2〉는 무엇보다 먼저 평균유효세율이 모든 임금 수준에 긍정적임을 보여준다. SMIC에 가까운 임금으로 생활하는 이들에게 지급되는 미미한 주택수당 이외에, 부양자녀가 없는 노동자들은 어떤 직접적 통화이전도 받지 않는다. 평균유효세율은 자녀수가 아주 많은 경우를 제외하고 가족수당이 항상 세금보다 훨씬 작은, 부양자녀를 둔 저임금자들에게도 긍정적일 것이다. 또한 〈그래프2〉는 평균유효세율이 임금수준에 따라 거의 변동이 없다는 것을 보여준다. 하위 연봉 10~20%의 평균세율은 약 45%, 상위 연봉 10~20%의 평균세율은 약 55%이고 나머지는 대략 50% 수준이다. 이유는 간단하다. 사회적 분담금의 비례과세가 소득세의 누진과세보다 대체로 우세했기 때문이다. 예를 들어 1996년에 의료보험에 출자하기 위해 최저임금생활자에서 사장에 이르기까지 모든 임금생활자에게 부과된 노동자분담금은 명목임금의 6.8%, 실질임금의 약 8.5%였다. 실질임금의 8.5%라는 수치는 1996년 20,000프랑의 월급을 받고 한 자녀를 둔 부부가 지불해야 하는 소득세에 해당한다. 그러나 의료보험의 노동자분담금 6.8%는 사회적 분담금 총액의 10% 남짓에 불과하며, 이 총액은 명목임금의 약 65%나 된다!(노동자분담금 20%와 고용자분담금 45%)

이 결론은 자녀가 여럿인 가계에도 유효할 것이다. 가족수당은 분명 저임금자들의 경우에 더 높은 추가 소득 비율을 차지한다. 그러나 가족계수(quotient familial) 체계는 고임금자들에게 더 높은 소득세 감면이 주어지므로 결과적으로 평균유효세율 곡선은 비교적 평평한 상태를 유지할 것이다. 물론 〈그래프2〉의 '무한대' 항목이 가리키듯, 세금 감면과 가족계수의 상한선(연간 약 700,000프랑 이상의 소득)을 훌쩍 초과해버리고 소득세 한계세율이 56.8% 이상(1996년도 기준)인 초고소득자들의 경우에는 유효평균세율이 70%까지 올라갈 수 있다. 그러나 이런 현실은 극히 적은 가계에만 해당되기 때문에 상위 소득세율은 흔히 정치논쟁에서 부여하는 상징적 중요성에 비해 실제로 예산상의 중요성을 갖지는 못한다. 특히 〈그래프2〉에 예시되어 있는 근본적 현실, 즉 생산인구들 간에 실질적인 재분배의 부재라는 현실을 눈에 띄게 바꾸기에는 해당되는 가계수가 너무 적다. 또 다른 비례세들, 특히 소득세보다 두 배 이상 무거운 VAT에 대한 고려는 이 결론을 더욱 확고히 해줄 것이다.

이러한 연구들은 각 국가의 제도적 특수성을 넘어, 오늘날 모든 서방국가에서 관찰되는 재정적 재분배의 주요 특징을 잘 요약해준다. 오늘날 재분배는 생산인구들 간에 어떤 의미 있는 통화성 재분배도 실행하지 않는다. 생산인구들에 대한 조세는 전반적으로 비례적이며 이들 사이의 이전은 미미한 수준이다. 그 결과 이들의 가처분소득 격차는 고용자들이 지급한 임금격차와 매우 가깝다. 1장에서 보았듯, 소득불평등이 낮은 국가는 임금불평등이 낮은 국가였고 - 노동자 간 재정적 재분배가 처음에 높았던 임금불평등을 줄여주었을 법한 국가들이 아니라 - 반대의 경우도 마찬가지이다. 이 종합비례세(prélèvement globalement proportionnel)는 관례적인 지출비용(사법, 국방, 도로 등) 이외에, 결국 실업자들에 대한 이전, 교육비, 퇴직연금, 의료비에 출자하는 데 이용된다. 이 지출들 중 일부는 때때로 저임금 생산인구, 즉 현역으로 일하는 동안 임금이 낮았던 이들에게 더 큰 이익이 될 수도 있겠지만 결코 일관적인 것은 아니다.

한계세율의 'U'자 곡선 공제와 이전의 평균유효세율은 실제로 실행된 재분배를 평가할 수 있도록 해준다. 그러나 이 재분배가 개인들의 반응에 미치는 잠재적인 영향을 알아보기 위해 적합한 도구는 바로 한계유효세율이다. 〈그래프2〉는 한계유효세율이 평균소득에서보다 저소득이나 고소득에서 더 높다는 것을 보여주며 그 결과 매우 뚜렷한 U자형 곡선을 그리고 있다. 한계세율이 고소득에서 올라간다는 사실은 전혀 놀랄 일이 아니다. 고소득은 소득 과세표에서 상위에 위치해 있기 때문이다. 그런데 이 한계세율이 저임금에서도 높은 이유는 무임금에서 저임금으로 이행하면서 임금에 대한 공제가 커졌을 뿐 아니라 근로소득이 없는 이들에게만 지급되는 이전지출을 받지 못하게 되었기 때문이다. 한 노동자의 경우를 예로 들어보자. 이 노동자는 매달 RMI 530유로와 주택수당을 받고 있었는데, 그를 고용하는 대가로 1,370유로의 월급을 지불하고자 하는—그의 생산성이 최소한 이것보다는 클 것이므로—고용자를 찾게 되었다고 해보자. 이 노동자가 각종 사회적 분담금들을 모두 제한 뒤 매달 받게 되는 실소득은 겨우 760유로 남짓일 것이다. 결국, 그의 총수입은 매달 0에서 1,370유로로, 가처분 소득은 매달 530에서 760

유로로 옮겨가게 될 것이다. 결국 이 노동자에는 1,370유로에서 20%도 안 되는 230유로만 남게 되며, 〈그래프2〉에서 보았듯, 임금분배 첫 번째 십분위(D1)에 적용되는 80% 이상의 한계유효세율이 부과된다. 또 다른 조건들(부양자녀, 실업수당을 받을 권리 등)을 고려한다면 다소 다른 결과가 도출될 것이다. 그러나 한계유효세율은 변함없이 80~90%일 것이고 간혹 100%를 넘기까지 할 것이다(이 계산에 관해서는 Piketty(1997) 참고).

사실상 가장 높은 한계유효세율을 감내하고 있는 것은 바로 저임금자들이다. 임금분배의 십분위수 'D9'에서 'D10'으로 이행하는 노동자의 경우(1인 가구라고 가정할 때), 최대 약 60%의 한계세율이 적용되고 개인적인 감면 혜택이 없다고 치면 무한소득에 부과되는 최대 70%의 한계세율이 적용된다. 반면 비고용 상태에서 'D1'으로 이행할 경우, 약 80~90%의 세율이 적용된다. 이렇게 전반부에서 정점을 찍는 'U'자 모양의 한계유효세율 곡선이 오늘날 재정적 재분배의 두 번째 특징이다. 이것 역시 모든 서방국가들의 공통된 특징과 관련되어 있다. 근로소득이 전무한 이들에게만 사회이전을 적용하고 저임금자들은 이 혜택에서 제외시키는 것은 적어도 겉보기에는 빈곤퇴치를 위해 비용이 가장 적게 드는 방법이다. 또 이것은 어느 국가에서나 이 같은 제도를 시행할 때 내세웠던 지배적인 논리이기도 하다.

정당한 재정적 재분배

재분배의 유효평균세율과 한계유효세율을 나타내는 이 곡선은 사회정의에 비추어볼 때 최적의 것인가? 각기 다른 소득 집단에게 부과된 평균세율과 한계세율을 올려야 하는가 내려야 하는가?

이 질문에 대한 답은 높은 재분배 세율이 노동 장려와 인적자본 공급에 미칠 수 있는, 결국 재분배 자체에 미칠 수 있는 부정적 효과의 양적 크기에 달려 있다. 사실, 기초적 재분배의 기본 목적에 관해서는 폭넓은 합의가 형성되어 있다. 정당한 재분배란 롤스의 맥시민 원리가 설명하듯, 가장 빈곤한 이들의 기회와 생활환경을 최대한 향상시켜줄 수 있는 재분배이다(서문). 물론 가장 빈곤한 이들이 누구냐에 대한 정확한 정의는 여전히 논란거리이다. 또 개인을 어떤 측면에서 바라보느냐에 따라 빈곤의 의미가 달라질 수 있으므로 이 개념을 정의하기가 항상 쉬운 것만은 아니다. 게다가 사회정의에 관한 최근 이론들이 증거하듯[Fleurbaey, 1995 ; Roemer, 1996], 이것은 책임성과 사회정의의 목적이 무엇인가라는 보다 원론적인 질문을 던질 수도 있다.

맥시민 원리로 표현되는 실용주의적 사회정의 개념은—이 견해에 따르면 모든 추가 재분배가 극빈자들의 이익에 반하는 순간부터 불평등이 용인된다—특히 가격체계의 거부와 경제 조직으로서의 개인 이기주의라는 형태로 지속적인 반대를 야기한다. 그럼에도 불구하고, 사회정의와 재분배에 관한 조사들을 보면 개인이 통제할 수 없는 요소들로 인한 불평등은 가능한 바로잡아야 한다는 생각에 대부분 동의하고 있음을 알 수 있다. 이에 반해 개인이 통제할 수 있는 행동들의 실질적인 크기, 말하자면 재분배가 야기하는 부정적 효과의 크기에 관해서는 심각한 의견 대립을 보여준다(Piketty, 1995). 이제부터 우리가 집중적으로 살펴볼 것이 바로 이 대립이다. 개인의 경제활동 의욕을 꺾는 부정적 효과의 실질적인 크기는 어느 정도인가?

지나친 세금이 세금을 죽인다? 1980년대에 높은 조세율이 고소득자들의 의욕을 저하시킨 결과 세수(稅收)가 크게 감소하자 높은 세율은 극빈자들은 물론 누구에게도 득이 되지 않는다는 견해가 미국에서 큰 호응을 얻기 시작했다. 다시 말해서, 앞서 수십 년간 급속한 성장을 거친 뒤 조세 수준이 비교적 안정화되어 있는 모든 서방국가들이 자국의 재분배 체계가 한계에 도달한 것은 아닌지 자문하기에 이르렀다는 얘기다. 이러한 움직임은 미국에서 가장 괄목할 만한 결과를 낳았다. 1970년대 말 70%였던 미국의 소득세 상위 한계세율이 1986년에는 28%로 떨어진 것이다.

그러나 경험에 근거한 노동의 공급탄력성에 대한 전통적인 평가들은 이 탄력성이 대체로 0.1에서 0.2사이로 극히 작다고 결론짓는다[Blundell, 1995, p.60]. 사실 이 연구들은 엄밀히 말해 인적자본의 공급탄력성이 아니라 노동의 공급탄력성을 측정한 것이다. 다시 말해서, 이 연구들은 세율이 노동시간 수에-대다수 생산인구의 노동시간 수는 별로 다르지 않다-미치는 효과만을 고려했을 뿐, 노동 동기나 노동시간의 효율성에 미치는 효과나 더 많은 인적자본을 획득하거나 더 많은 연봉의 일자리를 찾도록 하는 우대조치에 미치는 효과는 고려하지 않았다는 말이다. 그러나 이 효과들은 잠재적으로 볼 때 훨씬 더 중요하며, 비록 정확히 측정하기는 어렵다 해도 완전히 무가치한 것으로 치부해버릴 수는 없는 것이다. 예를 들어 1975~1980년 사이에 미국에서 대학 졸업장의 효율성이 15% 감소하자 고등교육을 받는 연령층이 5% 감소했고 그 이후 1980년대에 다시 10%가량 증가했다[Ehrenberg et Smith, 1994, p.289]. 이 사실이 인적자본 공급이 취업난의 악화를 마냥 좌시하고 있지는 않을 것임을 암시한다 해도 이것만을 가지고 인적자본의 공급탄력성을 정확하게 평가할 수는 없다.

1986년 미국의 세제개혁을 전후로 과세 신고된 고소득을 대상으로 한 연구에 따르면, 상위 한계세율의 감소로 인한 장려효과가 상당한 것으로(약 1의 탄력성) 나타났다[Feldstein, 1995]. 그럼에도 불구하고 이 평가는 초고소득에만 해당되며 측정된 결과 중 대부분이 노동과 인적자본의 획득보다 높은 우대조치들을 통해 새로 발생한 소득에서 기인한 게 아니라[Slemrod, 1995] 실제로는 법인세 명목으로 개인소득세에서 미리 신고된 소득이전에서 기인했을 것으로 보인다. 다른 형태의 소득 간 이전은 초고소득의 전형적 양상이다. 따라서 이 소득들의 변화를 관찰할 때는 극도로 신중할 필요가 있다. 게다가 미국에서는 소득세 상위 한계세율이 1986년에 28%에서 1993년에 39%로 점차 인상되었으나 이것이 1993년 이후 고소득의 증가 추세를 현저히 감소시키지는 못했다[Goolsbee, 1997]. 프랑스의 경험은 굴스비(Goolsbee)의 결과를 확증해 주는 것처럼 보인다. 1981년 프랑스에서 시행된 가족계수 상한 설정은 부유한 가정에 적용되는 한계세율을 급등시킨 반면, 같은 소득수준의 독신자나 무자녀 가정의 세율등급은 변하지 않았다. 그런데 매년 신고된 소득수준을 자세히 살펴보면 모든 고소득이 가족계수의 과세부담 인원수와 상관없이, 결국 과세의 한계세율 변동과는 상관없이 거의 똑같은 방식으로 변화했음을 확인할 수 있다[Piketty, 1999].

저소득의 한계세율이 평균소득과 고소득의 한계세율보다 높다는 사실은(그래프2), 노동의 공급탄력성에 관한 현 지식상태와 마찬가지로 통상 고소득자들의 의욕을 꺾는 효과에만 너무 지나치게 관심이 쏠려 있고 오늘날 재분배 체계의 한계에 대한 총체적인 분석을 허용하지 않고 있음을 암시한다. 사실, 많은 국가에서 실업상태였던 생산인구가 노동시장에 참여하게 될 때 부과되는 높은 한계세율은 기존 고용인구의 경우보다-이들의 탄력성은 연구에 따라 0.7~1.2 사이이다 – 항상 더 높은 탄력성을 만들어낸다[Blundell, 1995, p.59](프랑스에 관한 최근 연구는 Piketty[1998] 참고). 다시 말해서, 이미 넉넉한 소득을 가진 이들에게 더 높은 소득을 바라도록 하는 것보다 저소득자들에게 적절한 소득을 기대하도록 하는 것이 장려효과가 훨씬 더 크다는 말이다. '빈곤의 덫'이 잠재적으로 볼 때 '평균소득의 덫'보다 더 크기 때문이다. 1990년대 초부터 급속히 확대되기 시작한 미국의 근로장려세제(Earned Income Tax Credit)가 이 논쟁에 다시 불을 붙였다.

미국의 근로장려세제(EITC) 저임금자들을 위한 세액공제와 재정이전을 골자로 한 이 제도(EITC)는 글자 그대로 옮기면 '근로소득에 대한 세액공제'로 1975년 낮은 수준에서 처음 도입되었으나 1990년대 초부터 미국 사회보장 회계의 핵심요소로 자리를 잡았다. 이 세제는 몇 차례 대폭 증가(특히 1993년에)한 뒤, 1996년에는 근로소득이 연간 9,000달러 이하일 경우 소득의 40%나 되었고 9,000~12,000달러에서는 일정하게 유지되다가 12,000~29,000달러에서는 점차 줄어들어 20%에 이른다. 다시 말해서 연봉이 9,000달러인 – 풀타임 노동자의 최저임금에 육박하는-노동자는 9,000달러의 40%인 3,600달러에 해당하는 세액공제를 받는 것이다. 이 공제는 환급받는 형태이다. 말하자면 공제 대상자가 소득세액과 지불해야 할 세금의 차액을 수표로 돌려받는 것인데 그의 소득수준에서는 이 금액이 항상 10% 이하이므로 실가처분소득은 30% 이상 증가하게 된다. 1996년의 연방최저임금 인상과 함께 이 제도는 1990년대 초반부터 저임금 고용을 보다 매력적인 것으로 만들기 위한 미국 정부의 시도였다. EITC 세율이 급격히 증가했다는 것과 특히 부양자녀가 둘 이상인 저임금자들에게만 최고 세율이 적용된다는 사실은 이 제도가 관련 생산인구의 고용수준에 미치는 긍정적인 효과를-탄력성으로 치면 1을 약간 상회하는-실증적으로 평가할 수 있게 해주었다[Eissa et Liebman, 1996 ; Liebman, 1996].

따라서 재분배로 인한 의욕저하 효과는 실제로 고소득자들보다 저소득자들에게서 더 높게 나타난다는 사실을 인정해야 할 것이다. 이것은 이 재분배를 극빈자들에게 집중하기 위해 전통적으로 사용하는 'U'자 모양의 유효한 계세율이 가장 효율적인 전략이 아닐 수도 있음을 의미한다. 'U'자의 전반부를 감소시킨다면, 즉 저임금에 부담이 되는 공제를 줄이고 이것을 탄력성이 더 작은 평균임금과 고임금 구역으로 옮긴다면, 실업자를 위한 이전에 더 많이 출자할 수 있으므로 극빈자들의 상황이 개선되어질 것이라는 의미에서 보다 정당한 재분배를 확립할 수 있을 것이다. 따라서 노동자들 간에 실질적인 재정적 재분배가 이뤄지지 않는다면 실업자들에게도 악영향을 미치게 될 것이다. EITC 사례는 전통적으로 정쟁의 대상이었던 고소득의 한계세율 감소보다 어쩌면 'U'자 전반부를 평평하게 만드는 것이 더 중요한 최우선 목표일 수도 있음을 암시한다.

실업에 반(反)하는 재정적 재분배? EITC는 또 실업극복을 위한 재정적 재분배의 역할이라는 보다 일반적인 문제를 제기한다. EITC가 고용에 미치는 긍정적 효과는 프랑스와 같은 국가에서도 나타날 수 있을까? 프랑스가 아닌 미국에서 저임금이 붕괴되었다는 사실은 저임금 고용을 보다 매력적인 것으로 만들고 '빈곤의 덫'을 극복하는 문제가 사실상 프랑스에서는 제기되지 않고 있다는 걸 의미한다. 그렇다 해도 프랑스의 저임금과 미국의 저임금 간 격차를 과대평가해서는 안 될 것이다. 물론 미국에서는 저임금이 1970년대 이후 절대적인 수준으로 떨어졌다. 이것은 역사적으로 유례없는 특이한 현상이다. 그러나 처음에는 미국의 저임금이 프랑스의 저임금보다 높았고 1996년 미연방최저임금이 인상된 이후 프랑스와 미국의 실최저임금은 사실상 비등해졌다. 1997년 1월 1일, 프랑스의 SMIC 총액은 시간당 38프랑이었다. 여기서 노동자분담금과 CSG/RDS 21.8%를 공제하고 나면 실질적으로 시간당 약 29.7프랑(월 5,018프랑)이다. 반면 미연방최저임금은 시간당 5.20달러였다. 여기서 미국의 사회적 분담금 7.5%를 제하고 나면 실질적으로 시간당 4.81달러이다. 환율을 1달러당 5.50프랑으로 치고, 미국 저임금자들의 가처분소득을 실질적으로 높여주는 EITC를 감안하지 않는다면, 프랑스의 시간당 실최저임금이 29.7프랑인데 반해 미국은 26.5프랑이 된다. 사실, 프랑스에서는 저임금자들이 현물급여(건강, 교육)를 통한 재분배 혜택을 받고 있지만 미국에서는 보다 적게 받거나 아예 받지 않고 있다. 그러나 이 혜택은 비생산인구도 똑같이 받고 있으므로 여기서 우리의 관심대상인 노동 장려 문제에는 전혀 영향을 주지 못한다. 따라서 프랑스에서 저임금자들의 가처분소득 활성화와 '빈곤의 덫' 문제가 제기되지 않는다고 장담할 수는 없다.

그러나 근본적인 차이는 고용의 공급, 다시 말해 노동의 수요가 프랑스에서는 극히 제한적인 데 반해 미국에서는 매우 크다는 것이다. 이에 대한 불가피한 설명은 당사자들이 수령한 실최저임금은 비슷하다 해도 고용자들이 지불한 '원(原)'최저임금, 즉 고용자들이 지불한 모든 고용자분담금을 포함한 최저임금은 상당히 다르다는 것이다. 1996년에 미국의 고용자분담금은 7.5%, 즉 고용자 측에서 시간당 5.59달러(30.7프랑)의 최저임금을 부담하는 반면, 1993년에 프랑스의 고용자분담금은 44.8%, 즉 고용자 측에서 시간당 55프랑의 최저임금을 부담했다. 그러나 1993년 이후 저임금자들에 대한 분담금의 감소로 이것은 1997년 1월 1일 시간당 48.1프랑으로 환원되었다.

바로 이것이 실업을 극복하기 위한 프랑스의 구조적 세제개혁 전략이 1970년대 말부터 저임금 노동공급의 활성화가 아니라 저임금 노동수요의 활성화에 초점이 맞춰진 이유이다. 말하자면 저임금의 고용자분담금을 고임금 쪽으로 다시 점진적으로 옮김으로써 저임금의 상대적인 비용을 낮추고자 한 것이다(3장). 이 전략은 실제로 생산인구에게 부담을 주는 공제를 좀 더 누진적으로 만들어주었다. 물론 상대적으로는 여전히 평평한 상태였을지라도 말이다(그래프2). 또 1993~1996년의 저임금에 대한 고용자 분담금의 감소가 최저임금 쪽으로 지나치게 집중되었다면 이것은 '저임금의 덫'을 초래할 위험이 있다. 왜냐하면 이 노동자의 실질임금을 올리고자 하면 고용자 측 비용이 급속히 증가하기 때문이다[Piketty, 1997].

재정적 재분배의 구조적 개혁을 위한 이런 시도들이 실업에 미치는 양적인 효과는 어느 정도인가? 만약 이러한 재조명이 특별한 범주의 고용인이나 고용자들에게만 해당되는 게 아니라 체계적이고 보편적인 것이라면 우리의 현 지식에 비추어볼 때 분명 장기적인 효과는 '상당할' 것이다. 문제는 유감스럽게도 이런 전략의 토대인 수요와 공급의 탄력성이 무시할 만하기는커녕 1에 가깝거나 1보다 낮은 경향을 보인다는 것이다. 이것은 어떤 고용을 창출하기 위해 이동시켜야 하는 조세총액이 고용의 상품가치, 즉 고용주가 고용당 지불하는 비용에 가깝다는 것을 의미한다. 따라서 1980년대 북유럽 국가들이 증가하는 실업을 흡수하기 위해 그랬듯, 국가가 공공고용을 창출함으로써 이 비용 자체를 지불하거나 아니면 개인의 노동시간을 줄여서 저임금의 구매력 감소를 상쇄함으로써 강제적으로 이 노동을 공유할 수 있을 것이라고 결론짓기 쉽다. 그러나 이 모든 전략들은 고용 창출에 투자된 돈에 상응하는 비용이 들 것이다. 물론, 민간고용은 소비자들의 수요와 일치하는 반면 공공고용은 생산 기여도가 간혹 민간고용보다 더 불확실하다는 점은 중요한 차이이다. 또한 주어진 고용을 공유함으로써 이루어지는 고용창출은 실업자들과 이미 고용되어 있는 생산인구의 노동이 질적으로 같다는 것을 암묵적으로 전제하고 있는데 이것은 부분적으로 사실일 수 있으나 결코 일관성이 있는 것은 아니다. 그러나 재정적 재분배가 실업에 미치는 효과는, 서비스분야(외식산업, 유통업 등)에서 기대할 수 있는 민간고용이 미미한 수준인 만큼 이 논쟁들을 종결짓기에는 너무 초라한 수준이다. '영광의 30년(Trente Glorieuses)'※ 당시 돋보였던 산업 고용에 비하면 실제로 더욱 그렇다.

부의 소득세(impôt négatif)와 '기초소득(revenu de citoyenneté)'

외견상 급진적으로 보이는 재정적 재분배의 개혁이라는 명제는 1960~1970년대 이후 많은 관심을 끌었다. 그 골자는 개인의 소득이나 노동시장에서의 지위와 상관없이 각 사람(성인)에게 보편적 이전을, 말하자면 매달 똑같은 통화이전을 해주자는 것이다. 이 제안은 처음에 최소주의적 관점에서 선순환적 시장원리를 가능한 방해하지 않고 비효율적인 것으로 간주되는 다른 모든 '보호 장치'들을 소규모 보조금만으로 대체할 목적으로 고안되었다[Friedman, 1962]. 그러나 이후 실질적 재분배의 옹호자들에 의해 야심찬 '시민권소득', 곧 모두에게 분배되는 기초소득(basic income)이라는 형태로 다시 제기되었다[Van Parijs, 1995]. 보편적 이전은 처음 도입될 당시 부의 소득세 체계에 통합될 것으로 간주되었다. 부의 소득세는 모든 활동소득에 단일한계세율을 부과하고 잠재적인 근로소득 과세로 인한 자금을 보편적 이전에 출자함으로써 기존의 모든 재정적 재분배를 대체할 목적으로 고안된 것이었기 때문이다. 사람들이 원하는 보편적 이전의 수준이 높을수록 단일한계세율도 분명 그만큼 높아질 것이다. 민주당 후보 맥거번(MacGovern)은 이 사실을 쓰라린 경험을 통해 배웠다. 그는 이 부의 소득세의 기초 버전을 대대적으로 제안했던 유일한 정치인이었으나 1968년 대선에서 미국 유권자들이 그가 제안했던 33.3%의 단일한계세율이 계획된 이전에 출자하기에는 결코 충분하지 않다는 걸 깨달았을 때 고배를 마셔야 했다. 따라서 보편적 이전은

EITC와는 매우 다른 도구라고 할 수 있다. 보편적 이전과는 달리 EITC는 기존의 재정적 재분배에 통합되어 있고 40%라는 역한계세율로 특징지어지기 때문이다. 다시 말해서, EITC는 기존의 이전과 공제 체계를 전혀 바꾸지 않으며 추가 이전은 활동소득이 전무한 이들에게는 전혀 없고 개인의 활동소득에 따라 최대 40%의 세율이 적용된다.

앞서 언급한 논의에 비추어볼 때 이것은 놀라운 제안으로 보일 수 있다. 실제로 이 '보편적' 이전은 항상 일정한 소득수준에서 지불된 공제의 합계보다 더 적을 것이다. 왜냐하면 이 공제에 출자해야 하기 때문이다. 그렇다면 이런 상황에서 모든 이들에게 RMI를 지급하는 이유는 무엇인가? 지급된 RMI보다 높은 소득총액으로 인해 곧바로 높은 소득세를 내야 하는데 말이다. 만약 근로소득이 전무한 이들에게 같은 수준의 이전을 유지해주면서 저임금자들을 압박하는 유효한계세율을 낮추는 것이 목적이라면, 저임금자들에게 RMI의 일부를 유지시켜주거나, 아니면 저임금자들을 압박하는 공제(가령, 노동자측 사회적 분담금)를 낮추어주고 이에 해당하는 비용을 평균소득과 고소득자들에게 전가하는 편이 더 간단할 것이다. 기초소득이 '빈곤의 덫'에 맞서 할 수 있는 모든 것들은 재분배 전체를 보편적 이전으로 대체하기보다 오히려 기존의 제도적 도구를 활용해서도 충분히 실현할 수가 있다.

사실, 기초소득은 보다 섬세한 장점을 내포할 수 있다. 가령, 일자리를 찾고 있고 노동의욕을 향상시킬 준비도 되어 있는 최저생활자들에게는 더 나은 보증이 될 수 있다는 것이다. 보편적 이전지출이 있다면 최저생활자들은 일자리를 잃을 경우 최저생계비를 확실히 되찾을 수 있을 것이다. 보편적 이전은 결코 잃지 않을 테니까 말이다. 반면 RMI 유형의 체계들은 최저생계비를 되찾기 위해 이들이 또 다시 자신들의 권리를 행사해야 한다는 걸 암시한다. 그러나 이러한 권리행사란 행정적 유예나 사회적 낙인이 찍히게 될 우려 때문에 실제로는 늘 불확실해서 오히려 '빈곤의 덫'을 악화시키는 데 기여하는 경우가 많다[Van Parijs, 1995]. 게다가 '좌파 무정부주의자들'은 이 이전지출의 보편성이 결국 개인의 결혼유무와 사회적 지위 등을 캐묻지 않는 보다 덜 엄격한 사회정책을 허용할 것이라는 사실에 촉각을 곤두세울 뿐이다.

효율적 재분배

수많은 상황 속에서 불평등은 재분배를 위한 집단행동을 초래한다. 이 불평등이 단지 우리의 사회정의에 비추어 상식에 어긋나기 때문이 아니라, 모두의 이익을 위해 보다 유용하게 쓰였을 인적자원의 엄청난 낭비를 내포하고 있기 때문이다. 그 전형적인 사례는 노동시장에서의 차별이나 수요독점권의 행사라고 볼 수 있다. 고용자에게 부당한 차별이나 착취를 당한 누군가에게 단지 보상 차원의 재정이전만을 제공하는 것은 경멸적일뿐 아니라 비효율적인 것이다. 이런 불평등은 소수집단우대조치나 최저임금 혹은 노동시장에 대한 직접개입처럼 소득 재분배를 통해 비효율성을 바로잡도록 해주는 재분배의 도구들을 필요로 한다. 다양한 형태의 교육과 직업훈련 정책도 근로소득의 불평등을 구조적으로 바로잡도록 해주는 효율적 재분배의 강력한 도구가 될 수 있다. 이 두 가지 도구에 관해서는-노동시장에 대한 직접개입과 교육-앞서 3장에서 살펴보았다. 효율적 재분배의 또 다른 두 가지 유형은 바로 사회보험 형태의 재분배와 케인즈식 수요의 재분배이다. 이 두 가지 유형은 역사적으로나 정치적으로 상당히 중요한 것들이다.

재분배와 사회보험

신용시장의 불완전함, 바꿔 말하면 '부자들에게만 돈을 빌려준다'는 사실은 비효율적 불평등의 가장 노골적인 원인이다. 비록 우리가 이 불평등에 맞설 수 있는 효율적인 도구들을 항상 판별할 수 있었던 건 아닐지라도 말이다(2장). 사실, 신용할당의 근원인 우대조치나 정보와 관련된 문제들은 모든 이시적(異時的) 시장에도 – 특히 보험시장에 – 똑같이 적용된다. 이것은 왜 이 시장이 기본적인 사회보험을 제대로 제공할 수 없는지, 또 오늘날 간섭주의의 핵심을 이루는 의무적이고 공적인 사회보장 체계들을 왜 정당화할 수 없는지를 설명해줄 것이다.

효율적 사회보험 지금껏 일시적으로 일자리를 잃게 될 경우 실제로 대체소득을 보장해주는 보험상품을 내놓은 민간보험은 전혀 없었다. 분명, 개인들에게는 이런 보험이 매우 유익하고 많은 이들이 이 유익을 얻기 위해 기꺼이 보험료를 지불할 의향이 있는 데도 말이다. 이 시장의 결함을 설명해주는 명백한 요인은 각 시점에서 개인의 실제 근로소득을 관찰하기가 어려운 데다 개인 입장에서는 언제나 이 소득을 과소평가하는 편이 득이 된다는 사실이다.

민간보험회사들에 비해 국가와 공공기관이 지닌 이점은 고용자들이 지불한 소득을, 결국 실업보험에 대한 세금을 관찰하고 통제하는데 유리한 행정적·사법적 능력을 갖고 있다는 것, 즉 시간이 경과에 따라 이와 관련된 제도를 구축할 수 있다는 것이다.

또 하나 중요한 요인은 역선택 현상이다. 만약 개인들이 이런 위험에 노출될 가능성에 대해 더 나은 정보를 갖고 있다면, 민간보험회사들은 어떻게든 위험이 적은 고객들을 유인하고 이들을 다른 고객들과 분리시키기 위한 경쟁 속에서 오직 이 목적으로만 개발된 약정을 제시하게 될 것이다. 그러나 이 약정은 필요 이상의 기본부담(franchises)을 끌어들이거나 단지 작은 위험들만을 보장하는 것이므로 그 자체로 볼 때는 비효율적이다. 이 역선택 현상은 특히 의료보험의 경우에 문제가 될 수 있다. 여기서는 개인의 위험에 관한 사적인 정보들이 중요하기 때문이다. 이런 상황에서, 경쟁 원리는 보험 혜택에서 제외될 수 있는 고위험자들뿐 아니라 비효율적 약정을 제안받는 저위험자들에게도 완전히 비효율적일 수 있다. 여기서는 모든 이들에게 똑같이 적용되는 의무보험이 저위험을 비롯한 모든 상황에 유리할 수 있다. 저위험자들은 보조금을 통해 고위험자들을 지원하게 되지만 더 이상 분리비용을 지불하진 않을 것이기 때문이다[Rothschild et Stiglitz, 1976]. 또 이런 역선택 현상은 자동차보험 같은 다른 보험시장에 대한 공적규제를 정당화할 수도 있다[Henriet et Rochet, 1988].

공적의료보험의 또 다른 정당성은 건강이란 사실상 그 판매자(의사)만이 가치를 평가할 수 있는 재화이기 때문에 결국 소비자들이 지나친 소비와 엄청난 비용을 지불하게 된다는 사실이다[Arrow, 1963]. 이 주장은 미국처럼 민간보험이 우세한 국가에서 의료비 지출의 과도한 비중을 설명하고 공적체계라는 집단적 제어장치가 필요함을 입증하기 위해 종종 이용된다.

이시적 시장의 불완전함은 또 퇴직연금의 공적체계를 정당화할 수도 있다. 여기서도 역선택 현상은 실재한다. 퇴직연금도 일종의 '생존보험(assurance survie)'인 데다 이 예금을 종신연금으로 전환해주는 시장들은 결코 완벽하지 않기 때문이다. 그러나 자신의 평균수명에 관한 정보는 실업이나 건강의 위험에 관한 정보보다는 덜 중요할 것이다. 공적 퇴직연금에 정당성을 부여하는 주된 이유는 활동연령과 퇴직연령 사이의 소득을 이전해주는 시장들이 불완전하다는 데 있다. 만약 이 시장들이 예치된 퇴직연금의 안전을 보장할 수 없는 경우-특히 금융투자에 대한 접근이 제한되어 있는 서민들에게-국가가 보장하는 공적 퇴직연금 체계는 이 공백을 매워줄 수 있을 것이다.

이 모든 상황을 고려할 때, 시장과 경쟁원리는 소비자들이 가장 높은 가치를 부여하고 있는 재화와 서비스를 대체로 제공할 수 없는 경우가 많다. 이때 의무적인 공적체계는 효율적인 역할을 수행할 수 있다. 또 이것은 이와 관련된 지출이 다른 공적지출들과 별도로 취급되는 것과 여기에 출자되는 공제들이 재정적 재분배의 유효평균세율과 유효한계세율 계산에 포함되지 않는 것에 대한 정당성을 부여해준다. 만약 어떤 노동자의 임금이 매월 5,000프랑에서 10,000프랑으로 오른다면, 그의 퇴직연금 수급 총액도 두 배가 될 것이다. 따라서 그가 이 추가 권리를 얻기 위해 내야 하는 추가 분담금은 단지 '연기된' 소득일 뿐이므로 마땅히 그의 소득에 포함되어야 한다. 이 연기된 소득 전체를 계산에 포함시키기 위해서는 〈그래프2〉의 '유효한' 평균세율과 한계세율을 15~20포인트 가량 줄여야 할 것이다[Piketty, 1997]. 기초체계는 모든 사회보험들이 이처럼 연기된 소득을 가진 개인들에게 동등한 조세를 요구할 것이며 어떤 재분배도 개입시키지 않고 시장의 불완전함을 효율적으로 바로잡는 것으로 그칠 것이다. 이때 사회적 분담금은 단지 각자 희망하는 보장금액을 얻기 위해 지불하고자 하는 불입금에 불과할 것이다.

사회보험은 재정적 재분배의 도구인가? 그럼에도 불구하고 사회보험체계의 모든 지출은 노동자 간 재정적 재분배의 관점에서는 결코 중립적이지 않다. 의료보험이 가장 비근한 예이다. 이것은 임금에 비례하는 조세를 통해 출자되지만 대부분의 혜택(진료비 환불, 병원비)은 모든 이들에게 똑같이 주어지기 때문이다. 효율성만을 따지자면 어떤 정당성도 부여할 수 없을 경우엔 단지 이러한 체계를 합법화하는 것으로 충분할 것이다. 자본·노동 간 진정한 재분배를 실현할 수 없다면 의무적인 공적 의료보험은 단지 근로소득에 대한 비례 조세로부터 모든 이들에게 평균 의료비를 똑같이 지급해주는 도급이전(transfert forfaitaire)에 출자하도록 해주는 부의 소득세의 특별한 형태에 지나지 않을 것이다. 게다가 이런 관점의 '기초적 재분배'는 의료보험이 나머지 재정적 재분배와 별도로 계산되는 것을 허용해줄 것이다. 예를 들어 명확히 확인되는 특별과세를 통해 교육비를 조달하듯, 각자가 그 크기를 다른 비용과 비교할 수 있도록 모두가 확인할 수 있는 특별과세를 이용하는 것이다.

생산인구들 간에 의미 있는 어떤 직접적 재분배도 없을 경우, 이 두 가지 사회적 지출(의료와 교육)은 오늘날 재분배의 핵심 요소이다. 이처럼 오늘날 재분배는 통화이전에 의해서가 아니라 개입된 지출에 의해서 이루어진다. 이것은 개인의 소득수준과는 상관없이 똑같은 혜택을 받는 – 최소한 초등과 중등 교육비의 경우 – 도급이전으로 구성되며 그 기금은 비례세나 누진소득세를 통한 조세에서 조달된다. 그러나 다른 관점에서 보면, 재분배 수준이 낮은 국가들과 높은 국가들의 차이를 측정할 수 있는 것은 바로 현물 재분배의 규모이지 어느 국가에서든 무시해도 좋을 만한 생산인구 간 통화이전이 아니다. 예를 들어 프랑스 최저임금생활자와 미국 최저임금생활자가 사실상 거의 똑같은 실질임금을 받는다 해도, 이 둘의 주된 차이는 미국 최저임금생활자는 의료비와 자녀 교육비를 – 대체로 매우 부담스러운 – 자신이 직접 지불해야 한다는 점이다. 바로 이 재정적 재분배가 미국 최저임금생활자보다 프랑스 최저임금생활자를 더 운 좋은 사람으로 만드는 것이다(대부분의 최저임금생활자들이 그렇듯, 이 사람이 젊고, 건강하고, 자녀가 없는 경우가 아니라면 말이다. 대개 최저임금만 받는 저임금노동자들이 이 경우에 해당한다).

아주 오래전부터 사회적 지출의 가장 큰 부분을 차지하고 있는 분할에 의한 공적 퇴직연금 체계는 사정이 완전히 다르다. 현역으로 일하는 동안 소득에 따라 불입된 분담금은 당사자가 퇴직하는 순간 과거소득에 비례해서 이전받을 수 있는 권리를 준다. 따라서 이 재분배의 결산은 정당하다고 볼 수 있을 것이다. 사실 퇴직연금의 근본적인 문제는 평균수명의 불평등에 있다. 대체로 저임금자들의 평균수명은 고임금자들보다 현저히 짧기 때문에 당연히 이들이 연금을 받는 기간도 훨씬 더 짧다. 프랑스 퇴직연금체계 전체를 대상으로 한 연구들에 따르면, 현역으로 일하는 동안 불입한 분담금 1프랑에 대해 고위간부들이 퇴직한 뒤 받는 연금총액은 일반노동자들이 받는 총액보다 50% 이상 많은 것으로 나타났다[Chassard et Concialdi, 1989, p.76]. 말하자면 이 퇴직연금체계의 재분배는 애초에 의도했던 것과는 달리 반대로 가고 있는 것이다. 평균적으로 일반노동자들이 내는 분담금의 상당 부분이 고위

간부들의 퇴직연금에 출자되고 있다는 얘기다. 만약 이들이 낸 분담금에 의해 불어난 예치금이 투기와 이시적 시장의 불완전함으로 인해 사라져버린다면, 오히려 민간출자 체계가 노동자들에게 더 많은 연금을 보장해주었을 거라는 사실을 고려할 필요가 있다. 그러나 일정한 예치금을 토대로 연금을 보장해야 할 금융시장의 무능함은 양차대전 사이에 연기금(fonds de pension)의 참담한 경험들을 통해 입증되었고, 바로 이것이 불입금 분할을 골자로 한 공적체계를 도입하는 데 완벽한 정당성을 부여해주었다. 그러나 금융시장의 무능함은 그 이후 한층 개선되었다는 점을 인정해야 한다. 1990년대에 출시된 금융상품들은 이전보다 보장된 수익에 대한 공동투자의 기회를 훨씬 더 많이 제공하고 있다. 여기에는 1996년 최저임금생활자가 불입한 매월 1,500프랑의 퇴직연금 분담금(노동자와 고용자) 같은 '사소한' 예금도 포함된다. 민간출자 체계로의 이행은 평균수명 불평등 문제를 단지 불완전하게 해결해줄 수 있을 뿐이다. 불입금 분할 체계와 마찬가지로, 똑같은 공동투자로 인해 불평등한 수명과 소득수준이 재편될 것이기 때문이다. 어떻든 주요한 문제는 이런 체계로부터 매우 점진적으로밖에 빠져나올 수 없다는 것이다. 설령 이

것이 재분배에 반(反)하는 방식으로 출자된 퇴직연금이라 해도 이미 현역을 마칠 나이에 접어든 사람들로부터 약속되어 있던 연금을 앗아간다는 건 부당한 처사일 테니까 말이다.

물론, 공적 퇴직연금체계는 프랑스의 노인연대수당(minimum vieillesse)처럼 현역으로 일하는 동안 충분한 분담금이 없었던 이들에게 지불되는 최저수당을 항상 포함하고 있으므로 의심할 여지없이 재분배적인 것이다. 게다가 한때 모든 서방국가에서 심각했던 '노년기 빈곤'을 퇴치해주고 가계소득의 전반적인 불평등을 현저히 좁혀준 것도 바로 이 최저 퇴직연금이다. 그러나 이러한 이전지출은 프랑스를 비롯한 대륙유럽 국가들의 퇴직연금 전체를 놓고 보면 매우 적은 비중을 차지할 뿐이다. 또 무엇보다 이와 유사한 최저생계비들이 존재하고 있으며, 미국이나 영국처럼 공적 퇴직연금체계가 이처럼 '최소주의'를 토대로 구축된 국가에서 이것들은 공적 퇴직연금 체계와 똑같이 유익한 역할을 수행해왔다.

공적 퇴직연금체계의 결산이 이처럼 미온적이라는 사실은 '보험사회' 신화의 위험을 증거하는 것이다[Rosanvallon, 1995]. 모든 재분배를 사회보험의 논리로 이해할 때, 다시 말해서 사회 구성원들을, 모두 똑같은 위험 아래 놓여 있고 이 위험에 직면했을 때 공동으로 보험에 들어야 하는 개인들로 간주할 때, 그리고 노동자 간 불평등과 이런저런 지출이 각 개인들에게 어떤 식으로 이득이 되는지에 대한 설명을 회피할 때, 생산인구들 사이에 절대적으로 필요한 재분배를 도입하지 않고 실상은 오히려 그렇지 않은 '재분배'를 도입하게 될 우려가 있다. 바로 퇴직연금이나 고등교육의 공적지원 같은 일부 현물 재분배가 그러한 예이다. 고등교육 공적지원은 흔히 저소득에서 고소득으로 재분배가 이루어지며 특히 프랑스에서 두드러진다.

재분배와 수요

'케인즈식' 수요의 재분배는 가상의 이론계뿐 아니라 오늘날 국가의 개입이 보편화되어 있는 현실에서도 핵심적 위치를 차지하는 효율적 재분배의 메커니즘이다. 가장 일반적인 공식에 따르면, 임금인상은 재화와 서비스의 수요에 활력을 불어넣을 수 있고 이로써 고용수준과 경제활동에 다시 활력을 불어넣을 수 있다는 것이다. 그렇다면 이 메커니즘은 세상에서 가장 훌륭한 재분배의 도구일 것이다. 이것 하나로 동시에 모든 것을 향상시키는 게 가능하기 때문이다. 심지어 어느 누구에게도 비용을 물리지 않고! 이토록 대단한 도구임에도 불구하고 이 메커니즘은 유감스럽게도 개념적 근거와 경험적 토대들이 비교적 약하다. 실제로, 수요의 재분배가 어떻게 경제활동을 활성화시킬 수 있단 말인가? 만약 단순히 기업들과 자본가들의 구매력을 노동자들에게 이전시키는 것이라면 한편으로 이것은 사회정의를 위한 훌륭한 명분이 될 수 있을 것이다. 그러나 기업들과 자본가들이 자신의 구매력을 소비나 투자를 위해 사용해버린다면 이것이 어떻게 전체적인 수요를 증가시켜줄 수 있겠는가? 그런데 '잠자는' 구매력이란 존재하지 않는다. 아니 거의 없다고 볼 수 있다. 즉각 소비되지 않는 구매력은 항상 어딘가에 이런저런 형태로, 가령 국채 등에 투자되기 때문이다. 한 가지 가능한 해석은 만약 재화와 서비스의 총수요량이 일정하다면 소비되지 않은 소득들이 유용하게 투자되지 않은 이상, 경기를 활성화시킬 수 있는 것은 바로 그 구성요소의 변경 때문이며, 노동자들에 대한 재분배나 공적지출에 의한 자원유통이 이 소득들을 보다 효율적으로 방향지을 수 있을 것이라는 것이다.

또 다른 고전적 추론은 구매력의 재분배가 극히 대규모에서만 효율적 생산이 가능한 재화 쪽으로 수요를 이동시켜줄 수 있다는 것이다. 그러나 이것은 보다 영세한 생산들을 희생시킴으로써 전반적인 경기를 활성화시키고자 하는 것이다. 예를 들어, 극심한 구매력의 불평등은 오히려 산업화를 방해하거나 지연시킬 수 있다. 가난한 이들은 너무 가난해서 공산품에 대한 충분한 수요를 창출할 수 없고, 부자들은 자신들의 수요를 수입 재화와 국내 서비스에 집중할 것이기 때문이다[Murphy *et al.*, 1989 ; Piketty, 1994, p.791~794].

이 주장들은 구매력의 재분배가 불평등을 감소시키는 동시에 모두의 이익을 위해 경제를 활성화시켜줄 수 있다는 걸 입증하기에 부족함이 없어 보인다. 그럼에도 불구하고 이 선순환적 메커니즘의 유효조건들이 체계적으로 결합되어 있다고 생각할 만한 근거는 전혀 없다. 각 사례마다 개별적으로 판단해야 하기 때문이다. 게다가 현대 경제학자들이 케인즈식 메커니즘을 가지고 거시경제적 활성화를 설명하는 전통적인 해석과도 사뭇 다르다. 이 해석은 대체로 가격과 임금이 단기간에는 신속히 들어맞지 않는다는 생각에 근거하고 있다. 명목임금이 고정되어 있는 상태에서는 오직 인플레이션을 조장하는 부양책만이 실질임금의 하락에 힘입어 경제활동과 고용수준을 활성화시켜주기 때문이다. 인플레이션이 경제구조에 '기름을 쳐서' 경제가 원활하게 돌아가도록 해준다는 이런 발상은 가능한 가장 훌륭한 재분배가 실현되는 세상으로부터, 다시 말해서 경기 활성화의 원동력이 인플레이션이 아니라 노동자들의 구매력 증가에 있었던 세상으로부터 우리를 더욱 멀어지게 한다! 또 다른 경기부양책들, 가령 불가피하게 자본수요를 증가시킴으로써 자본 소유자들에게 돌아가는 보수를 올려주는 공채의 증가와 같은 정책들의 재분배 효과 역시 대체로 명확하지 않다. 게다가 이 부양책들은 시행되는 동안에만 효력이 발생하므로 대체로 단기간에만 유효할 뿐이다. 따라서 이것들은 앞서 살펴본 강력한 구조적 도구들에 비해 재분배 조건들의 체계적인 분석표 역할을 하기가 어렵다.

또한 이 케인즈식 재분배 사례는 모든 것을 동시에 해결해줄 수 있을 것이라는 효율적 재분배에 대한 희망을 빌미로 모든 재분배를 정당화하려고 시도하는 것이 얼마나 비생산적일 수 있는지를 보여준다. 이런 위험은 앞서 '보험사회'의 신화를 통해서도 입증되었지만 그보다 훨씬 더 보편적이다. 인적자본의 모든 불평등을 차별 현상 탓으로 돌린다거나, 임금 저하의 모든 원인을 고용자들의 수요독점권 탓으로 돌리고자는 하는 것은 허사이며 오히려 역효를 낼 뿐이다. 효과적 재분배가 실재할 수 있을지 확인이 필요하다면, 신화같은 의지만이 끝낼 수 있을 것처럼 느껴지는 불평등을 야만적 무능함의 표지라고 비난하자. 비록 그런다고 불평등을 종식시킬 수는 없을지라도, 적어도 생활환경의 실질적인 불평등을 완화시켜 줄 재정이전에 투자하도록 이끌 수는 있을 것이다.

주

- 가족계수(quotient familial) : 가계 소득수준과 부양 자녀수에 어느 정도 비례해서 세금감면 혜택을 제공하는 제도.

- 국민계정 : 일정기간 국민경제의 모든 구성원이 이룩한 경제활동의 성과와 국민경제 전체의 자산과 부채상황을 보여주는 국가의 재무제표.

- 국지적 외부효과(externalités locales) : 어떤 경제 활동과 관련해 당사자가 아닌 다른 사람에게 의도하지 않은 혜택(편익)이나 손해(비용)를 발생시키는 것.

- 그라민은행(Grameen Bank) : 1983년 빈곤퇴치를 목적으로 방글라데시에 설립된 은행으로 빈민들에게 담보 없이 소액대출을 제공함으로써 큰 성과를 거두었다. 이 은행의 소액대출을 본 딴 미소금융이 전 세계적으로 확산되었다.

- 그랑드제콜(Grandes Écoles) : 프랑스 고유의 엘리트 고등교육기관.

- 그르넬(Grenelle) 협정 : 프랑스 68혁명당시 정부, 고용주 노조 대표의 합의하에 발표된 협정. 정부는 노동자들의 임금인상요구를 수용했으나 결국 인플레이션을 초래했다. 이 협정으로 노동자들의 구매력은 엄청나게 상승했다.

- 기능편향적 기술변화(skill-biased technological change) 가설 : 컴퓨터를 비롯한 생산기술이 점점 고도의 지적능력을 요하는 쪽으로 발전하므로 고학력 노동의 생산성이 증대되고 기업에서도 이들에 대한 수요가 늘어 소득분배의 불평등이 심화된다는 주장이다.

- 기초소득제(revenu minumum de citoyenneté, basic incom) : 모든 국민이 빈곤선 이상의 생활을 유지하는 데 필요한 생계비를 지급하는 제도. 재산이나 소득의 유무, 노동여부나 노동의사와 관계없이 사회구성원 모두에게 최소생활비를 지급하는 제도로 보편적 복지의 핵심이다.

- 내생적 성장론자(théoriciens de la croissance endogéne) : 1980년대 미국의 경제학자 로머(Romer) 등이 주장한 이론. 기술진보가 외생적으로 결정된다는 신고전학파의 주장과는 달리 이 이론은 경제 내에서 내생적으로 발생하는 기술진보를 통해 장기적인 경제성장이 가능하다고 주장한다.

- 대체탄력성 : 두 재화의 비율이 한계대체율의 변화에 따라

어떻게 달라지는가를 나타내는 척도. 자본과 노동의 대체탄력성이 1보다 작다면 노동 대비 자본의 비율이 높아질수록 자본에 돌아가는 몫은 작아진다.

- 도덕적 해이(aléa moral) : 감추어진 행동이 문제되는 상황에서 정보를 가진 측이 정보를 갖지 못한 측의 이익에 반하는 행동을 하는 경향을 말한다. 가령 자동차보험의 보상조건과 사고로 인한 입원비 지불이 지나치게 후하다면 보험가입자는 고의로 사로를 유발할 수 있고, 의료보험제도로 인해 의료비가 무료라면 아프지 않아도 병원에 가거나 불필요한 입원을 하는 등 도덕적 해이가 발생할 우려가 있다.

- 두 캠브리지 논쟁(Controverse des deux Cambridge) : 흔히 자본논쟁이라 불린다. 1960년대 영국 캠브리지 대학을 중심으로 한 신리카도학파(로빈슨, 스라파)와 미국 매사추새츠 캐임브리지를 중심으로 한 신고전파(사무엘슨, 솔로) 간의 생산수단의 성격과 역할, 총생산물의 분배 둘러싼 수학적 이론적 논쟁을 말한다.

- 로버트 루카스(Robert Lucas) : 미국의 경제학자. 정부의 인위적 경제개입을 줄여야 한다고 주장한 '합리적 기대이론'으로 1995년 노벨 경제학상을 받았다.

- 룩셈부르크 소득연구(Luxemboug Income Study(LIS)) : 1983년 출발한 프로젝트로 미국, 영국 등 세계 36여 개국의 소득 및 자산 관련 마이크로데이터를 국제적 비교가 가능하도

록 표준화해서 제공한다. 마이크로데이터란 가계나 사업체를 대상으로 조사된 개별 자료로 각종 통계자료 작성 시 기초 자료로 이용된다.

- 맥시민 원리(principe du maximin) : 미국의 정치철학자 존 롤스(1921~2002)가 『정의론』에서 주장한 원리. 불가피하게 불평등을 용인해야 할 경우 최소 수혜자에게 최대 혜택을 주어지도록 해야 정의롭다는 내용이다.

- 물가연동제 : 임금이나 금리 등을 결정할 때 일정한 방식에 따라 물가에 맞춰 연동(連動)시키는 정책.

- 본원소득(revenu primaire) : 가계, 정부, 기업이 생산에 직접 참여하거나 생산에 필요한 자산을 소유함으로서 발생하는 소득. 임금 이자 지대 이윤의 네 가지 형태의 소득을 말한다.

- 불완전고용 : 일할 능력과 일할 의사가 있는 인구 중 실질임금 이상의 수준으로 고용되지 못한 상태.

- 부유세(L'impôt sur les grandes fortunes) : 낙후계층을 돕기 위한 목적으로 재산에 부과되는 사회연대세.

- 비례세(flat tax) : 소득 수준에 관계없이 누구나 같은 비율로 부과되는 세금으로 과세표준의 변동과 무관하게 일정한 세율을 적용된다. 소득금액이 커질수록 높은 세율을 적용하는 누진세와 대비된다.

- 사회적 소득 : 사회보험 등 후생시설에 의한 임금 이외의 소득.

- 사회적 이동성(mobilité sociale) : 주소, 직업, 계층 등의 이동성 혹은 신분 변동성.

- 수익세(impôt sur les bénéfices industriels et commerciaux) : 기업수익세, 영업세, 사업세라고도 한다.

- 신용할당(rationnement du crédit) : 금리가 자금의 수요와 공급을 일치시키는 균형 수준보다 낮게 결정되어 자금 공급이 수요에 미치지 못할 경우 금융기관이나 정책당국이 자금 수요자에게 한정된 자금을 나누어주는 것을 말한다.

- 앳킨슨(Atkinson)지수 : 소득 불평등 측정 지표의 하나. 사회의 후생함수에 기초를 두고 소득분배의 불평등을 측정하는 방법.

- 역선택(antisélection) : 정보의 불균형으로 인해 불리한 의사결정을 하는 상황을 말한다. 가령, 보험가입대상자의 건강상태 및 사고확률에 대해 특수정보를 가지지 않은 보험회사가 질병 확률 및 사고확률이 높은 사람을 보험에 가입시킴으로써 보험재정을 악화시키는 경우를 들 수 있다.

- 부의 소득세(impôt négatif) : 저소득자에게 정부가 지급하는 일종의 보조금. 개인의 소득이 최저생계비나 소득공제액에 미치지 못할 때 최저생계비와 실제소득간의 차액을 정부가 보조하는 제도로 재원은 사회보험료가 아닌 세금으로 충당한다.

- 영광의 30년(Trente Glorieuses) : 1945~1975까지 프랑스 역사상 가장 빠르고 강력한 경제성장을 이루었던 시기.

- 요소비용 : 기업주가 일정 기간에 임금, 지대, 이자 등 생산요소의 대가로 지급한 비용. 임금, 대출이자, 공단분양가, 각종 물류비 등이 포함된다.

- 자기충족적 믿음(croyance auto réalisatrice) : 누군가에 대한 믿음이나 기대, 예측이 그 대상에게 그대로 실현되는 것을 말한다.

- 재정귀착 이론(théorie de l'incidence fiscale) : 귀착은 조세 또는 지출의 궁극적 부담 또는 편익의 종착 위치를 가리키는 개념이며, 재정귀착이론은 조세 부담이 궁극적으로 누구에게 돌아가느냐의 문제를 다루는 조세귀착, 정부지출의 편익을 누가 차지하느냐의 문제를 다루는 지출귀착 등이 있다.

- 정책금융(crédit administré) : 정책적 필요에 의해 정부가 특정 산업과 업종에 시중금리보다 낮은 금리로 중장기에 걸쳐 자금을 대출해주는 것을 말한다.

- 제임스 콜맨(James Coleman)의 보고서 : 미국의 교육사회학자 콜맨(J.S.Coleman)의 연구책임 아래 수행된 〈교육의 기회균등(Equality of Educational Opportunity)〉이라는 보고서로 1966년에 국회와 대통령에게 제출되었다. 미국의 공립학교에서 교육기회가 학생의 인종집단에 따라 어떤 영향을 미치는가를 연구한 결과 학업성취 수준을 결정하는 주요인은

학교가 아니라 가정환경이라고 주장했다.

- 조세경쟁(concurrence fiscale) : 해외 생산요소를 자국으로 유입하기 위해 각종 세제 혜택을 경쟁적으로 사용하는 것을 말한다. 그러나 국가 간 과도한 조세경쟁은 국제적 자본이동을 왜곡하고 각국의 재정기반을 잠식할 수 있다.

- 지니(Gini)계수 : 인구분포와 소득분포와의 관계를 나타내는 수치.

- 초기부존자본(dotation initiale en capital) : 자본이 처음 배분된 상태.

- 콥-더글라스(Cobb-Douglas) 생산함수 : 생산요소의 투입량과 산출량과의 관계를 나타내는 1차동차형 생산함수로 1928년 콥과 더글라스에 의해 발표되었다. 생산요소 간 대체탄력성이 항상 1이라는 특징을 가진다.

- 타일(Theil)지수 : 경제적 불평등 정도를 측정하는 데 사용되는 지수.

- 파레토(Pareto) 원리 : 이탈리아의 경제학자 파레토(V.Pareto)에 의해 정립된 법칙. 전체 성과 중 소수(20%)의 요소가 대부분(80%)의 성과를 좌우한다는 의미로 흔히 '20:80 법칙'으로 통용된다.

- 평균 노동비 : 사용자가 근로자를 고용함으로써 발생하는 제반비용, 현금급여와 현금급여 이외 노동비용 등으로 구성 된다.

- 폴리테크닉 : 프랑스 최고의 그랑드제콜 중 하나.

- CSG(contribution sociale généraliseé) : 일반사회보장분담금.

- INSEE(Institut national de la statistique et des études économiques) : 프랑스 경제통계 조사기관.

- RMI(Revenu Minimum d'Insertion) : 최저통합수당, 무소득자에게 주어지는 수당).

- SMIC(Salaire minimum interprofessionnel de croissance) : 슬라이드제 전직종 최저 임금. 슬라이드제란 노사협정에 의해 물가에 따라 임금을 자동적으로 조정하는 임금제를 말한다.

참고 문헌

American Economic Review, AER.

Journal of Political Economy, JPE.

Quarterly Journal of Economics, QJE.

ADELMAN I. et ROBINSON S. [1989], 《Income distribution and development》, *Handbook of Development Economics*, vol. 2, North-Holland, New York.

AKERLOF G. et YELLEN J. [1990], 《The fair wage-effort hypothesis and unemployment》, *QJE*, n° 105, p. 255-283.

ARROW K. [1963], 《Uncertainty and the welfare economics of medical care》, *AER*, n° 53, p. 941-973.

— [1973], 《The theory of discrimination》, in *ASHENFELTER* O. et REES A. (dir.), *Discrimination on Labor Markets*, Princeton U. Press, Princeton.

ATKINSON A. [1983], *The Economics of Inequality*, Clarendon Press, Oxford.

ATKINSON A., RAIWATER L. et SMEEDING T. [1995], *Income Distribution in OECD Countries*, OCDE, Paris.

ATKINSON A. et STIGLITZ J. [1980], *Lectures on Public Economics*, McGraw-Hill, New York.

BANERJEE A. et GHATAK M. [1995], *Empowerment and Efficiency : the Economics of Tenancy Reform*, MIT, Cambridge.

BANERJEE A. et NEWMAN A. [1993], 《Occupational choice and the process of development》, *JPE*, n° 101, p. 274-299.

BECKER G. [1964], *Human Capital*, Columbia Univ. Press, New York.

— [1991], *A Treatise on the Family*, Harvard Univ. Press, Cambridge.

BENABOU R. [1993], 《Workings of a city : location, education, production》, *QJE*, n° 108, p. 619-652.
— [1996], 《Inequality and growth》, *NBER Macroeconomics Annual 1996*.

BEWLEY T. [1994], *A Field Study on Downward Wage Rigidity*, Yale University, New Haven.

BLAU F. et KAHN L. [1994], 《The impact of wage structure on trends in US gender wage differentials》, *NBER*, n° 4748.

BLUNDELL R. [1995], 《The impact of taxation on labor force participation and labor supply》, in *Taxation, Employment and Unemployment* (chapitre 3), The OECD Jobs Study, OCDE, Paris.

BOOTH A. et SNOWER D. [1996], *Acquiring Skills : Market Failures, their Symptoms and Policy Responses*, Cambridge Univ. Press, Cambridge.

BOUDON R. [1973], *L'Inégalité des chances*, Armand Colin, Paris.

BOURDIEU P. et PASSERON J.-C. [1964], *Les Héritiers*, Minuit, Paris.

— [1970], *La Reproduction*, Minuit, Paris.

BOURGUIGNON F. [1981], 《Paretosuperiority of unegalitarian equilibria in Stiglitz' model of wealth distribution with convex savings function》, *Econometrica*, n° 49, p. 1469-1475.

BOURGUIGNON F. et MARTINEZ M. [1996], *Decomposition of the Change in the Distribution of Primary Family Incomes : a Microsimulation Approach Applied to France, 1979-1989*, DELTA.

CARD D. [1992], « The effect of unions on the distribution of wages : redistribution or relabelling - », *NBER*, n° 4195.

CARD D. et FREEMAN R. [1993], *Small Differences That Matter : Labor Markets and Income Maintenance in Canada and the United States*, University of Chicago Press, Chicago.

CARD D., KRAMARZ F. et LEMIEUX T. [1996], « Changes in the relative structure of wages and employment : a comparison of the United States, Canada and France », *NBER*, n° 5487.

CARD D. et KRUEGER A. [1992], « Does school quality matter - », *JPE*, n° 100, p. 1-40.

— [1995], *Myth and Measurement : the New Economics of the Minimum Wage*, Princeton Univ. Press, Princeton.

CHAMLEY C. [1996], *Capital Income Taxation, Income Distribution and Borrowing Constraints*, DELTA.

CHASSARD Y. et CONCIALDI P. [1989], *Les Revenus en France, La Découverte*, « Repères », Paris.

COATE S. et LOURY G. [1993], « Will affirmative action eliminate negative stereotypes - », *AER*, n° 83, p. 1220-1240.

COHEN D., LEFRANC A. et SAINT-PAUL G. [1996], « French unemployment : a transatlantic perspective », *Economic Policy*.

COLEMAN J. [1966], *Equality of Educational Opportunity*, US Dept. of Health, Education and Welfare, Washington.

COOPER S., DURLAUF S. et JOHNSON P. [1994], « On the transmission of economic status across generations », *ASA Papers and Proceedings*, p. 50-58.

CSERC [1996], *Les Inégalités d'emploi et de revenu*, La Découverte, Paris.

DAVIS S. [1992], « Cross-country patterns of change in relative wages », *NBER Macroeconomics Annual 1992*.

DOUGLAS P. [1976], « The Cobb-Douglas production function once again : its history, its testing and some new empirical values », *JPE*, n° 84, p. 903-915.

DREZE J. et SEN A. [1995], *India : Economic Development and Social Opportunity*, Oxford University Press, Delhi.

DUCAMIN R. [1995], *Rapport de la commission d'études des prélèvements fiscaux et sociaux pesant sur les ménages*, ministère de l'Économie et des Finances, Paris.

DUMÉNIL G. et LÉVY D. [1996], La *Dynamique du capital : un siècle d'économie américaine*, PUF, Paris.

EHRENBERG R. et SMITH [1994], *Modern Labor Economics*, Harper & Collins, New York.

EISSA N. et LIEBMAN [1996], « Labor supply response to the earned income tax credit », *QJE*, n° 111, p. 605-637.

ERIKSON R. et GOLDTHORPE J. [1992], *The Constant Flux : A Study of Class Mobility in Industrial Societies*, Clarendon Press, Oxford.

ERICKSON C. et ICHINO A. [1995], 《Wage differentials in Italy》, in KATZ L. et FREEMAN R. (dir.), *Differences and Changes in Wage Structure*, University of Chicago Press, Chicago.

FEENBERG D. et POTERBA J. [2000], 《The income and tax share of very high income households》, *AER*, mai.

FELDSTEIN M. [1995], 《The effect of marginal tax rates on taxable income : a panel study of the 1986 *Tax Reform Act*》, *JPE*, n° 103, p. 551-572.

FLEURBAEY M. [1996], *Théories économiques de la justice*, Economica, Paris.

FMI [1996], *World Economic Outlook*.

FREEMAN R. [1973], 《Changes in the labor market status of Black Americans, 1948-1972》, *Brookings Papers on Economic Activity*, n° 1, p. 67-120.

— [1995], 《Are your wages set in Beijing ?》, *Journal of Economic Perspectives*, n° 9-3, p. 15-32.

— [1996], *Disadvantaged Young Men and Crime*, Harvard University, Cambridge.

FREEMAN R. et MEDOFF J. [1984], *What Do Unions Do?*, Basic Books, New York.

FRIEDMAN M. [1962], *Capitalism and Freedom*, University of Chicago Press, Chicago.

GOLDIN C. et MARGO [1992], 《The great compression : the wage structure in the United States at mid-century》, *QJE*, n° 107, p. 1-34.

GOOLSBEE A. [1997], 《What happens when you tax the rich - Evidence from executive compensation》, *NBER Working Paper*, n° 6333.

GOTTSCHALK P. [1993], 《Changes in inequality of family income in seven industrialized countries》, *AER*, n° 83-2, p. 136-142.

GOUX D. et MAURIN E. [1996], 《Meritocracy and social heredity in France : some aspects and trends》, *European Sociological Review*.

HAMMERMESH D. [1993], *Labor Demand*, Princeton Univ. Press, Princeton.

HARHOFF D. et KANE T. [1994], 《Financing apprenticeship training : evidence from Germany》, *NBER*, n° 4557.

HENRIET D. et ROCHET J.-C. [1988], 《Équilibres et optima sur les marchés d'assurance》, in *Mélanges économiques en l'honneur d'Edmond Malinvaud*, Economica, Paris.

HERRNSTEIN R. et MURRAY C. [1994], *The Bell Curve : Intelligence and Class Structure in American Life*, The Free Press, New York.

INSEE [1994], 《Un siècle de donnèes macroècoNomiques》, *INSEE Résultats*, n° 303-304.

— [1995], 《Revenus et patrimoine des ménages, édition 1995》, *INSEE Synthèses*, n° 1.

— [1996a], 《Séries longues sur les salaires》, *INSEE Résultats*, n° 457.

— [1996b], 《Revenus et patrimoine des ménages, édition 1996》, *INSEE Synthèses*, n° 5.

— [1996c], 《Rapport sur les comptes de la nation 1995》, *INSEE Résultats*, n^{os}-471-472-473.

— [1996d], 《L'évolution des salaires jusqu'en 1994》, *INSEE Synthèses*, n° 4.

— [2002], «Les salaires dans l'industrie, le commerce et les services en 2000», *INSEE Résultats Sociétés*, n° 7.

JUDD K. [1985], «Redistributive taxation in a simple perfect foresight model», *Journal of Public Economics*, n° 28, p. 59-83.

JUHN C., MURPHY K. et PIERCE B. [1993], «Wage inequality and the rise in returns to skill», *JPE*, n° 101, p. 410-442.

JUHN C., MURPHY K. et TOPEL R. [1991], «Why has the natural rate increased over time -», *Brookings Papers on Economic Activity*, n° 2, p. 75-142.

KAHNEMAN D., KNETSCH J. et THALER R. [1986], «Fairness as a constraint on profit seeking», *AER*, n° 76, p. 728-741.

KATZ L., LOVEMAN G. et BLANCHFLOWER D. [1995], «A comparison of changes in the structure of wages in four OECD coutries», *in FREEMAN* R. et KATZ L. (dir.), *Differences and Changes in Wage Structure*, University of Chicago Press, Chicago.

KOLM S.C. [1972], *Justice et équité*, Éditions du CNRS, Paris.

KRAMARZ F., LOLLIVIER S. et PELE L. [1995], «Wage inequalities and firm-specific compensation policies in France», *Document de travail INSEE-CREST*, n° 9518.

KREMER M. et MASKIN E. [1996], «Wage inequality and segregation by skill», *Working Paper NBER*, n° 5718.

KRUEGER A. et SUMMERS L. [1988], «Efficiency wages and the interindustry wage structure», *Econometrica*, n° 56, p. 259-293.

KRUSSEL P., OHANIAN L., RIOS-RULL J.V. et VIOLANTE G. [1996], «Capitalskill complementarity and inequality», Univ. of Rochester.

KUZNETS S. [1955], «Economic growth and economic inequality», *AER*, n° 45, p. 1-28.

LANDAIS C. [2007], «Les hauts revenus en France (1998-2006) : une explosion des Inégalités», *Working Paper PSE*.

LEFRANC A. [1997], «Évolutions des marchés du travail français et américain entre 1970 et 1993», *Revue économique*.

LEMIEUX T. [1993], «Unions and wage inequality in Canada and in the United States» in CARD D. et FREEMAN R. (dir.), *Small Differences That Matter*, University of Chicago Press.

LHOMME J. [1968], «Le pouvoir d'achat de l'ouvrier francais au cours d'un siècle : 1840-1940», *Le Mouvement social*, n° 63, p. 41-70.

LIEBMAN J. [1996], *Essays on the Earned Income Tax Credit*, PhD Dissertation, Harvard.

LOLLIVIER S. et VERGER D. [1996], «Patrimoine des ménages : déterminants et disparités», *Économie et Statistique*, n° 296-297, p. 13-32.

LUCAS R. [1990a], «Supply-side economics : an analytical review», *Oxford Economic Papers*, n° 42, p. 293-316.

— [1990b], «Why doesn't capital flow from rich to poor countries?», *AER*, n° 80, p. 92-96.

MANKIW G., ROMER D. et WEIL D. [1992], «A contribution to the empirics of economic growth», *QJE*, n° 107, p. 407-437.

MEYER C. [1995], *Income Distribution and Family Structure*, PhD Dissertation, MIT.

MORRISON C. [1991], 《L'Inégalité des revenus》, in LÉVY-LEBOYER M. et CASANOVA J.-C. (dir.), *Entre l'État et le marché : l'économie française de 1880 à nos jours*, Gallimard, Paris.

— [1996], *La Répartition des revenus*, PUF, Paris.

MULLIGAN C. [1996], *Parental Priorities and Economic Inequality*, University of Chicago Press, Chicago.

MURPHY K., SHLEIFER A. et VISHNY R. [1989], 《Income distribution, market size and industrialisation》, *QJE*, n° 104, p. 537-564.

MURPHY K. et WELCH F. [1993], 《Inequality and relative wages》, 《Occupational change and the demand for skill》, *AER*, n° 83-2, p. 104-109, 122-126.

NEUMARK D. et WASCHER W. [1994], 《Employment effects of minimum and subminimum wages : reply to Card, Katz and Krueger》, *Industrial and Labor Relations Review*, n° 48, p. 497-512.

NIZET J.-Y. [1990], *Fiscalité, économie et politique : l'impôt en France, 1945-1990*, LGDJ, Paris.

OCDE [1985], *The Integration of Women in the Economy*, OCDE, Paris.

— [1993], *Perspectives de l'emploi*, juillet.

— [1995], *Statistiques des recettes publiques des pays membres de l'OCDE, 1965-1994*.

— [1996], *Perspectives économiques de l'OCDE*, n° 59.

— [2000], *Taux de chômage standardisés* (www.oecd.org).

PHELPS E. [1968], 《The statistical theory of racism and sexism》, *AER*, n° 62, p. 659-661.

— [1994], *Structural Slumps : the Modern Equilibrium Theory of Unemployment, Interest and Assets*, Harvard U. Press, Cambridge.

PIKETTY T. [1994], 《Inégalités et redistribution》, *Revue d'économie politique*, n° 104, p. 769-800.

— [1995], 《Social mobility and redistributive politics》, *QJE*, n° 110, p. 551-584.

— [1997], 《La redistribution fiscale face au chômage》, *Revue française d'économie*.

— [1997b], 《Les créations d'emploi en France et aux États-Unis : "services de proximité" contre "petits boulots" -》, *Notes de la fondation Saint-Simon*, n° 93 (décembre) (*cf. également Économie et Statistique*, n° 318 [1998-8], p. 73-99).

— [1998], 《L'impact des incitations financières au travail sur les comportements individuels : une estimation pour le cas francais》, *Économie et Prévision*, n°s -132-133 (janvier-mars), p. 1-35.

— [1999], 《Les hauts revenus face aux modifications des taux marginaux supérieurs de l'impôt sur le revenu en France, 1970-1996》, *Économie et Prévision*, n° 138-139 (avril-septembre), p. 25-60.

— [2001], *Les Hauts Revenus en France au XXe-siècle. Inégalités et redistributions 1901-1998*, Grasset, Paris.

— [2011], 《On the long run evolution of inheritance : France 1820-2050》, *QJE*

— [2013], 《Le capital au 21e siècle》, Le seuil (*Capital in the 21st century*, Harvard University Press, 2014)

PIKETTY T. et SAEZ E. [2003], 《Income inequality in the United States, 1913-1998》, *Quarterly Journal of Economics*, n° 118, p. 1-39.

—[2013], 《A Theory of Optimal Inheritance Taxation》, Econometrica

PIKETTY, T., SAEZ E., et Stantcheva S. [2014], 《Optimal Taxation of Top Labor incomes : A Tale of Three Elasticities》, American Economic Journal : Economic Policy

PIKETTY, T. et ZUCMAN, G. [2014], 《Capital is Back : Wealth-Income Ratios in Rich Countries, 1700-2010 》, *QJE*

RAWLS J. [1972], *A Theory of Justice*, Clarendon Press, Oxford.

ROEMER J. [1996], *Theories of Justice*, Harvard U. Press, Cambridge.

ROSANVALLON P. [1995], *La Nouvelle Question sociale*, Seuil, Paris.

ROTHEMBERG J. [1996], 《Ideology and the distribution of income》, MIT, Cambridge.

ROTHSCHILD M. et STIGLITZ J. [1976], 《Equilibrium in competitive insurance markets》, *QJE*, n° 90, p. 629-650.

SHAVIT Y. et BLOSSFELD H.P. [1993], *Persistent Inequality : Changing Educational Attainment in 13 Countries*, Westview, Boulder.

SLEMROD J. [1995], 《Income creation or income shifting - Behavioral responses to the *Tax Reform Act* of 1986》, *AER*, n° 85-2, p. 175-180.

SOLOW R. [1956], 《A contribution to the theory of economic growth》, *QJE*, n° 70, p. 65-94.

—[1958], 《A skeptical note on the constancy of relative shares》, *AER*, n° 48, p. 618-631.

SPENCE M. [1974], *Market Signalling : Informational Transfer in Hiring and Related Screening Processes*, Harvard U. Press, Cambridge.

TOPEL R. [1993], 《What have we learned from empirical studies of unemployment and turnover - 》, *AER*, n° 83, p. 110-115.

VAN PARIJS P. [1995], *Real Freedom for All : What (If Anything) Can Justify Capitalism ?*, Clarendon Press, Oxford.

WILLIAMSON J. [1985], *Did British Capitalism Breed Inequality ?*, Allen & Unwin, Boston.

WILLIAMSON J. et LINDERT P. [1980], *American Inequality : A Macroeconomic History*, Academic Press, New York.

WILSON W.J. [1987], *The Truly Disadvantaged : The Inner City, the Underclass and Public Policy*, University of Chicago Press, Chicago.

WOLFF E. [1992], 《Changing inequality of wealth》, *AER*, n° 82-2, p. 552-558.

YOUNG A. [1995], 《The tyranny of numbers : confronting the statistical realities of the East Asian growth miracles》, *QJE*, n° 110.

불평등 경제

ⓒ 토마 피케티, 2014

초판 1쇄 발행일 ｜ 2014년 9월 15일
초판 2쇄 발행일 ｜ 2014년 9월 25일

지은이 ｜ 토마 피케티
옮긴이 ｜ 유영
감　수 ｜ 노형규

발행인 ｜ 이상만
발행처 ｜ 마로니에북스
등록 ｜ 2003년 4월 14일 제 2003-71호
주소 ｜ (413-120) 경기도 파주시 문발로 165
대표 ｜ 02-741-9191
팩스 ｜ 02-3673-0260
홈페이지 ｜ www.maroniebooks.com

ISBN 978-89-6053-359-2(13320)

* 책 값은 뒤표지에 있습니다.
* 이 책에 수록된 글은 저작권법에 의해 보호받는 저작물이므로 무단 전재 및 복제를 금합니다.